Achim Szymanski

JENSEITS-REISEN

Wir bringen Sie über den Jordan

Mit detailliertem Routenplaner

für über 50 Religionen

KNAUR TASCHENBUCH VERLAG

Besuchen Sie uns im Internet:
www.knaur.de

Originalausgabe Juli 2008
Copyright © 2008 bei Knaur Taschenbuch.
Ein Unternehmen der Droemerschen Verlagsanstalt
Th. Knaur Nachf. GmbH & Co. KG, München
Alle Rechte vorbehalten. Das Werk darf – auch teilweise –
nur mit Genehmigung des Verlages wiedergegeben werden.
Umschlaggestaltung: ZERO Werbeagentur, München
Umschlagabbildung: plainpicture/Sander, J.
Satz: Adobe InDesign im Verlag
Druck und Bindung GGP Media GmbH, Pößneck
Printed in Germany
ISBN 978-3-426-78090-9

2 4 5 3 1

Inhalt

Erklärung der »Reisesymbole«

	Tipp		Freizeittipp
	Hinweis		Historischer Exkurs
	Achtung!		Test
	Alternative Reiseroute		Sondertour

Was kommt, wenn das Licht aus ist?

Dieses Buch beginnt dort, wo das Leben aufhört: Was wird am Ende der Welt, hinter dem Horizont, wohl auf uns alle warten? Was Individuelles? Wird es da schön sein? Wie komm ich hin, was dann, und wie wieder zurück?

Dieser Reiseführer für alle, die schon alles gesehen haben, besucht die Jenseitsgebiete von über fünfzig Religionen. Auch ausgestorbene gehören dazu, denn auch die können ja recht gehabt haben. Da ist bestimmt für jeden etwas dabei: Von Einreise und Verhalten über Bevölkerung und Küche, Sprache und Sehenswürdigkeiten, Gott und Prominente, bis hin zu wahren Wundern und Partys, Snacks, Bars und super Fotos.

Plus einer Menge wirklich guter Tipps, die jeder brauchen kann, der nach der eigenen Beerdigung nicht ins Fettnäpfchen treten will.

Und jetzt bitte eine Minute stilles Gedenken an alle, die das nicht lesen können.

Danke.

Vorwort

Wir wandeln uns in einem fort,
von Tag zu Tag, von Ort zu Ort.
Und wenn wir an ein Ziel gelangen,
dann ist es meistens schon vergangen.

Am Ende Ihres Lebens werden auch Sie Gelegenheit haben, ein fremdes, neues Land zu betreten. Jeder von uns macht sich irgendwann auf den Weg – manchmal ohne Vorbereitung – und gelangt an einen Ort, der ihm völlig fremd ist. Und dann ist es wie im Urlaub; da fühlt man sich ohne die richtige Ausrüstung und Sprachkenntnisse ja auch ganz schön verloren.

Stopp, zum Glück gibt es die Religionen! Sie haben sich als einzige Institution überhaupt mit dem Leben danach beschäftigt und das Wissen der Menschheit über das Jenseits in Lehren, Storys und komplizierten Überlieferungen erhalten.

Um es gleich zu sagen: All diese Stifter, Mönche und Priester haben nach Jahren der Entwicklung, durchgrübelten Lebens und intensivstem Nachdenken nur zwei Möglichkeiten gefunden, wie es im Jenseits aussieht. Der Papua mit seinem Penisköcher, die Putzfrau in Tokio und der Pariser am Bistrotisch – sie alle wissen, dass in jeder vernünftigen Religion nach dem Tod dasselbe passiert: Der Geist trennt sich vom Körper, geht seinen eigenen Weg und pfeift sich eins.

A: Dann wird man wiedergeboren.

B¹: Oder man kommt in Kontakt mit einer höheren Lebensform …

B²: … und in ein klassisches Jenseits.

Kurz zusammengefasst: Man trifft entweder mindestens eine andere, unsichtbare Lebensform, einen Geist oder einen Gott –

oder man kommt wieder auf die Welt, und das Leben geht als Nilpferd, Mücke oder Made weiter. Klingt einfach, ist aber so. In keiner maßgeblichen Kultur hört alles auf.

Und um es auch gleich zu sagen: Wie sich das anfühlt, wenn man tot ist, kann keiner erklären. Es hilft nichts, über die Gründe dafür zu diskutieren; es ist eben so, dass das »Danach« unser handelsübliches Denken immer überschreitet.

Auf jeden Fall bewegt man sich, wenn man tot ist, fort, so gut man kann. Meistens als schwebende Seele, manchmal zu Fuß, fast niemals mit Bus oder Taxi. Jeder setzt nach dem Tod eine Reise auf seine Weise fort. Und wir alle sind auf unserer eigenen, privaten Expedition zum und durch das Jenseits. In diesem Moment ist jeder von uns auf seine Weise dabei, sich auf sie vorzubereiten.

Willkommen in der Welt danach

Wissenswertes vor Reiseantritt

Es gibt wohl keinen Ort, der größer ist. Platz ist da bis zum Abwinken. Und überall ist es schön. Jedes Jenseits hat seine Höhepunkte, vom Paradies bis zum Abgrund.

Die besten Tipps und coolsten Trends

Swimmingpool: Riesengroß und mit Badewannentemperatur? Gibt's bei der Wiedergeburt als Fisch quasi nachgeschmissen.

Fenster mit Aussicht: Noch viel frei in Hels Burg bei den Germanen! Auch andere nordische Völker haben Zutritt. Fenster nur mit Nordblick, aber alle ganz in Ordnung.

Ruhe und Abgeschiedenheit: Im Himmel der Amida-Buddhisten kann man wunderbar meditieren, ohne jemals gestört zu werden. Für alle Fälle ein dickes, schwer verständliches Buch mitnehmen und es nach und nach durcharbeiten!

Freunde und Party: Bei den Sumerern kann man die ganze Nacht über mit DJ Xerxes im altbabylonischen Stil abhotten.

Catering: Die Küche der Kelten bietet am meisten Abwechslung: Mit Fingerfood, Snacks, Quellwasser, Whiskey und Kräutertee.

Must-Drink: »Met« muss man probiert haben. Das Original gibt's nur frisch in Walhalla. Walhalla ist immer eine Reise wert – mit deutschsprachigem Publikum!

Limousinenservice: Im indischen Kulturraum fahren die höheren Lebensformen oft prächtige Streitwagen, die jeder geschätzt zehn Millionen Euro wert sind. Nicht hingehen, wenn man eine Pferdehaar-Allergie hat.

Spektakulärstes Schauspiel: Das Weltende im Islam.

Formalitäten

Die Umstände der Einreise sind in den Religionen unterschiedlich geregelt, aber generell gilt: Jede Seele kommt an den Ort, an den sie gehört. Christen z. B. müssen dann aber erstmal »ewig« in einer Unterwelt auf das Jüngste Gericht warten, während Buddhisten in Japan wie aufspringende Knospen spontan in einer himmlischen Welt wiedergeboren werden. Visa und Pass braucht man dabei nicht.

Bevölkerung

Immer dran denken: In nahezu allen Jenseitsvorstellungen in diesem Reiseführer leben verstorbene Menschen in Gruppen, zusammen oder allein, oder sie schweben als unsichtbare Lebensform herum und laden im Glück eines Gottes, der friedlich seine positiven Emotionen auf sie herabstrahlt, wieder ihren Akku auf. Hier kommt man schnell mit pittoresken Typen ins Gespräch. Auch wenn es schon eine Weile her ist, werden viele von ihnen gern aus ihrem letzten Leben erzählen. Das gilt auch für die Hölle. Außerdem trifft man im Jenseits auch noch auf Lichterscheinungen. Jede Kultur berichtet davon.[1] Auch tagsüber und in Ländern, in denen es von Haus aus sehr hell ist oder in denen man um die Sonne kein besonderes Bohei macht, gibt es sie und andere, unsichtbare Wesen, die mit Menschen und Tiere zusammenleben.[2] Manchmal sind sogar alle Lebewesen gemeinsam Teil eines Höheren, zu dem dann natürlich alle hin wollen. Wer tot ist, erlebt in Himmel und Hölle etwas, was man leider wieder einmal mit nichts vergleichen kann. Das große Highlight des Jenseits, soweit vorgesehen, ist in vielen Religionen dann immer die Begegnung mit jemandem, der einen Anspruch darauf hat, dass man ihn »Gott« nennt.

Klima und Atmosphäre

In jedem Jenseits ist das Erste, das man spürt, die ganze Atmosphäre – es ist immer angenehm warm, und man bekommt ein gutes Körpergefühl. Männer und Frauen sind nicht getrennt, sondern alle zusammen. Die beste Reisezeit ist von Januar bis Dezember. Im Himmel ist es gemütlich, Schirme und Gummistiefel sind überflüssig, Jahres- oder Regenzeiten sind dort unbekannt. Erstaunlicherweise gibt es auch keine Unterwelt, in der es nass, kalt oder beides zusammen ist, und auch keine, die unter Wasser liegt, was ja auch eine Strafe sein könnte. Achtung, in den Höllen herrscht häufig sehr große Hitze!

Grundriss

Im Paradies ist es so idyllisch, dass in Religionen dafür immer derselbe Bauplan verwendet wird: Jedes Paradies ist ein Garten mit Baumgruppen und Flussläufen, in deren Schatten man sich erholen und in dem man von Hügeln aus Tiere und Lagerplätze sehen kann. Immer gut ist auch das Wetter.[3] Wenn man in dieser Umgebung nun einer überirdischen Lebensform begegnet, kann man sich stundenlang mit ihr darüber unterhalten.

Reisevorbereitung

Bei der Reisevorbereitung spielt das Heute, dieser Moment, in dem in der Welt und im eigenen Leben so viele Dinge geschehen, die absolute Hauptrolle. Nur wer sich hier auf der Erde bewährt, macht alles richtig. Und mit etwas Glück kann man dabei sogar schon in diesem Leben einen wirklich tollen überweltlichen Zustand erreichen.[4]

Reiseroute und Programm

Im Kosmos herrscht Ordnung. Das Ganze gehorcht Gesetzen, die alles steuern, und eins davon lautet, dass jeder Neuankömmling durch sein Verhalten im Leben seine Reiseroute mitsamt individuellem Schicksal bereits festgelegt und fest gebucht hat. Daran kann niemand mehr etwas ändern. Man muss sich daran halten. Aber natürlich spricht nichts gegen eine kleine Exkursion auf eigene Faust; sagen Sie nur vorher bitte den anderen, wohin Sie gehen.

Und beschweren Sie sich bitte nie über das für Sie festgelegte Programm, das Sie so nie gebucht haben. Denken Sie lieber daran, dass überall immer der Aufbau des Menschen derselbe ist: Jeder besteht aus Körper und Geist. Der Geist ist immer unsichtbar. Wer stirbt, lebt ohne Körper weiter.

Außerdem gilt in jeder Kultur: Ein guter Mensch hat gute Chancen. Was man in diesem Leben tut, beeinflusst das Leben danach essenziell, das Leben, das man führt, bestimmt die eigene Zukunft. Ethisches Verhalten bringt eines Tages Vorteile. In jeder Religion sollte man artig sein. Ihr Kern ist dabei, unbeirrbar wie ein Radarschirm, immer fest auf das Diesseits ausgerichtet. Alle Religionen sagen dasselbe: Wer im Jenseits gut durchkommen will, hält sich schon heute an folgende Regeln: Lieber nicht töten, stehlen verboten und immer die Wahrheit sagen.

Frequently Answered Questions – FAQs

Allgemeines: Man fragt sich im Jenseits: »Was geschieht mit mir, wird alles gut und wo kann man eine rauchen?«, »Wo bin ich?« und »Geht mein Handy?« Frauen wollen wissen: »Reicht das Totenhemd?«, »Was ist auf der Brücke der Entscheidung angesagt?«, »Werden Filme gezeigt?« und »Wo trifft man die meisten Prominenten?« Männer erkundigen sich oft nach Ewigen Jagdgründe und wo man verstorbene Freunde treffen kann. Andere Fragen: »Was muss man tun, was soll man lassen?« Benimm und Sitte können auch im Jenseits häufig eine Quelle von Missverständnissen sein. Auch Fragen wie »Was tun, wenn man hier eingeladen wird?« und »Kommt man überall mit Regenjacke, Hut und Badelatschen durch?« sind ein wichtiges Thema.

Was gibt es da eigentlich?: Natur, Produkte, Industrie: Im Jenseits wird, bis auf Weizen und Brot bei den Zeugen Jehovas (und ausgerechnet die dürfen nichts davon abgeben!), nichts hergesellt. Die Industrie ist nur schwach entwickelt und besteht aus Manufakturen und so. Der viele Rauch, der durch die Hölle weht, stammt meistens von kleinen Feuern. Wenn jemand auf Dreck und auf Unrat steht, kann er da unten so viel davon zusammenpacken, wie er tragen kann. Im Himmel ist die Versorgung mit Obst exzellent. Die Früchte schmecken durch die Bank paradiesisch. Leider scheitert der Export ins Diesseits an der unüberwindlichen Barriere des Todes, die auch eine Handelsschranke ist.

Wie kommen Dinge in den Himmel?: Opfern: In jeder Kultur gibt es eine Methode, feste Gegenstände in den Himmel zu bringen. Schon auf den ersten Seiten der Bibel wird erzählt, wie Kain und Abel Gott ganze Schafe zuschicken. Etwas zu höheren Lebensformen zu Transportieren geht immer durch Feuer. Es können auch Räucherstäbchen und Weihrauch sein. Das System funktioniert, aber nur, wenn man etwas opfert; sonst wäre ja der Himmel voller Laub, Zigarettenkippen und dem Geripppe der Hindenburg (Zeppelin).

Der Jüngste Tag: Top Secret: Am Tag der Abrechnung geht alles zu Ende, aber sein genaues Datum ist das bestgehütete Geheimnis des Universums, damit keiner im Voraus planen und sich noch schnell pfiffig einen Vorteil verschaffen kann. Gehen Sie davon aus, dass es bis dahin noch ziemlich lange dauert. Eine Ausnahme machen allerdings die Mayas, die ihn für den 21. Dezember 2012, 10 Uhr mittelamerikanischer Zeit, errechnet haben. Dann muss mit Stürmen, Blitzen, Erdbeben (der Tisch wackelt), unerwarteten Sonnenaufgängen und dem Einsturz des Himmels (gewaltiges Krachen) gerechnet werden – man braucht sich für den Tag also nichts mehr vorzunehmen, und auch Terminvereinbarungen für einen späteren Zeitpunkt könnten sich als überflüssig erweisen.

Kunst und Krempel: Schinken in Öl: Gemalte Bilder vom Jenseits muten nicht nur naiv an, sie sind es auch. Keiner der Künstler hat das alles selbst gesehen. Auch Hieronymus Bosch hat seine Visionen nur mit dem Kirchenboss abgesprochen.[5] In keiner Religion gibt es Teufel mit roter Haut und Hörnern, die dem Satan zujubeln und Mistgabeln schwenken.

Wo sind Hitler, Gandhi usw.?: Je nachdem: Sie warten in der Unterwelt aufs Jüngste Gericht (Christen, Juden, Zarathustra), im Islam liegen sie dabei im Grab, und für immer in einer Unterwelt sind sie bei den Griechen. Bei Hindus, Buddhisten und Theosophen sind sie längst entsprechend ihrem Karma wiedergeboren worden. Wer's genau wissen will: Einfach vor Ort durchfragen.

Muss ich mich impfen lassen?: Definitiv nicht: Sie reisen in ein Gebiet, in dem keine Krankheiten bekannt sind. Trotzdem ist Vorsicht besser als Nachsicht. Weil es im Jenseits keine Insekten gibt (Ausnahme: Zeugen Jehovas), ist auch keine Malariaprophylaxe nötig. Verschreibungspflichtige Medikamente soll man vor dem Tod einnehmen; danach kommt keine Apotheke mehr.

Gute Reise!

Expeditionen durchs Jenseits
Die Reiseziele

→

Die alten Ägypter

DIE MUMIE LEBT

DAS ERLEBT MAN HIER
Man wird in einer Wüste von hungrigen Dämonen gejagt.
EIGENWERBUNG
»Geöffnet für Sie seit 3000 bis 5000 vor Christus«

Einführung

Wie jeder gesunde Mensch besteht auch ein Ägypter aus mehreren Teilen, und zwar aus dem Körper, dem Namen, dem Schatten und seinem »Ka«. Und so ein Ka, eine winzige, aber effektive und freie Seele, hat jedes Lebewesen, vom Würmchen bis zur alten Frau. Abbildungen stellen es als einen Vogel mit Menschenkopf dar. Solange dieses Ka mit all den anderen Teilen zusammen ist, lebt man, wenn eins zu sehr geschwächt wird, stirbt man.
Keine Sorge, das klingt schlimmer, als es ist.
Dann wird nämlich der Name des Beerdigten, etwa Hascheput, durch Inschriften auf seinem Sargdeckel bewahrt. Sein Körper wird durch Mumifizierung erhalten. Denn hier lebt man nach dem Tode weiter. Wenn alle Teile eng zusammenbleiben und eines Tages zusammengesetzt werden, kann man auch wiederauferstehen.

Reisevorbereitung

Nehmen Sie Kontakt zu Einbalsamierern auf (Branchenbuch). Achtung: Nicht mit Tierpräparatoren verwechseln und sich ausstopfen lassen!

Als Toter braucht man dann auch noch ein ausreichendes Equipment. In ein zünftiges Grab gehört alles, was man täglich braucht, also wetterfeste Kleider, Möbel, Kosmetik und Wertsachen. Wichtig sind auch Nahrung und, falls man sich im Jenseits fortbewegen will, ein Boot (zum Beispiel). Klopapier nicht vergessen, aber zur Not geht auch eine Abbildung davon; den Rest erledigt die ägyptische Magie. Und noch etwas benötigt man: Opfer, also die zukünftige, kontinuierliche Versorgung mit weihevoll gebrachten Gaben.

Auf jeden Fall sollte man seine Nachkommen zu Opfern und Gebeten motivieren. Im Notfall mit Enterbung drohen!

Anreise – Die Seele unterwegs

Die Seele (Ka) wandert nach dem Tod des Körpers von nun an allein nach Westen, dorthin, wo die Sonne untergeht. Bald kommt sie hier in einer Zwischenstation an, die aus dem sandigen Ufer eines Flusses zwischen unbekannten Bergen besteht. Aber Achtung: Das ist keine harmlose Gegend!

TIPP Lassen Sie auf Ihrem Sarg und den Wänden des Grabes, auf wetterfestem Papier oder Papyrus wichtige Infos und eine Karte der Unterwelt anbringen. Denn hier müssen Sie mit trostlosen Wüsten und plötzlich auftauchenden Hindernissen rechnen, Seen aus Feuer vermeiden und vor mindestens einem Hügel wegrennen, auf dem ein schreckliches Gesicht erscheint. Dazwischen lauern leider viele Dämonen, die Ihre Seele mit Speeren und Netzen fangen wollen, um sie bei lebendigem Leib zu verbrennen, zu kochen oder zu köpfen. Dieser lästigen Plage können Sie entgehen, wenn Sie ihre streng geheimen Namen nennen, z. B. den von dem, »der aus dem Abgrund kommt und sich umsieht«. Also am besten noch in diesem Leben mal das Ägyptische Totenbuch lesen.

Wer dieses Ambiente sechs Stunden lang überlebt hat, muss danach vor ein Totengericht treten. Das beeindruckende Gebäude, in dem sich jede Seele verantworten muss, heißt »Halle der Wahrheit«. Schon seit Millionen Jahren beurteilen in ihr 42 Richter das Leben der Verstorbenen; von ihrer Natur her sind diese Richter Dämonen, also den Wesen ähnlich, denen man gerade erst entkommen ist.

Die zuständige höhere Lebensform heißt Osiris. Außer für das Totenreich ist sie auch für Fruchtbarkeit und Vegetation zuständig.

Ein Totengericht erschwert in vielen Religionen die Einreise. Meistens läuft es ziemlich bürokratisch ab und besteht aus Verhören und vor allem der Frage: Was hat man im Leben gemacht? Vermeiden Sie bei der Antwort Herumdrucksen, lange Erklärungen und Füllwörter wie »irgendwie oder so«. Sagen Sie stattdessen am besten, dass Sie zu allen gut gewesen sind.

Ob das stimmt, entscheidet bei den Ägyptern dann ein einfacher Test: Zur Überprüfung wird das Herz des Toten gegen eine Feder aufgewogen. Hat die Seele gelogen, sinkt die Schale mit dem Herz nach unten. Dann wird der geistige Teil des Menschen gleich vor Ort von Ammut, einem krokodilköpfigen Ungeheuer, verspeist. So stirbt sie, unrettbar von Schuld beladen, in seiner Verdauung, das ist die schwerste Strafe.

 **TIPP** An dieser Stelle kann der richtige Zauberspruch Wunder wirken. Alles, was Sie dazu brauchen, ist ein Amulett in Größe und Form eines Schokoladenkäfers.[6] Allerdings eins, auf dem »Mein Herz meiner Mutter, mein Herz meiner Mutter, mein Innerstes meines Wesens. Steh nicht gegen mich als Zeuge auf. Tritt mir vor Gericht nicht entgegen. Rebellier vor dem Wägemeister nicht gegen mich« steht (in Hieroglyphen).[7] Dann wird die wahre Gestalt Ihres Herzens verborgen.

Wenn das Herz leichter als die Feder ist, wird Ihre Seele ohne großes Federlesen weitergewunken und zieht dann bis zum Totenreich, das unter der Erde liegt und die Hälfte der Zeit über dunkel ist. Also unbedingt eine Taschenlampe mit ins Grab nehmen, keine Streichhölzer, Mumien, Feuergefahr.

Und dann sind Sie endlich zum ersten Mal drüben, im Jenseits. Das Ganze ist ein großer Garten, und hier wartet auch schon die eigene Familie seit langem auf einen. Alle Toten leben hier nachts und schlafen tagsüber. Dieser Effekt erklärt sich so: Wenn in Kairo die Sonne untergeht, geht sie im Jenseits auf. Und nur von hier aus sieht man dabei deutlich, dass sie nicht nur eine Sonne, sondern auch noch ein echter, lebendiger Sonnengott ist, der auf seiner Barke am Himmel herumfährt – in diesem Falle von spät bis früh.

Land und Leute

Am Ufer des jenseitigen Nil-Flusses stehen die Einwohner und jubeln dem Sonnengott in munterem Reigen zu, weil er ihnen neues Leben schenkt. Sie feiern feste und pflügen und machen alles weiterhin so, wie sie es ihr ganzes Leben lang getan haben. Wer dabei nicht mitmachen will, es mit dem Rücken oder einfach keine Lust auf Landwirtschaft hat, kann diesen Teil des Lebens im Jenseits auch einfach an kleine, mumienförmige Figuren weitergeben, die mit ihm zusammen begraben worden sind. Die arbeiten dann für ihn.[8]

Promi-Wahrscheinlichkeit

Der spektakulärste Super-VIP ist natürlich der Sonnengott, der jede Nacht aufs Neue alle aus dem Schlaf reißt. Wenn er sich am tiefsten Punkt der Unterwelt später mit seinem eigenen Leichnam vereinigt, entsteht immer wieder von Neuem sein Licht, das am Morgen darauf hinter den Industriegebieten und Feldern aufgeht und die Welt unserer Vorstädte erneuert.

Oft wird er hier unten in Begleitung von Promi-Toten gesehen. Auf seiner Barke sonnen sich die berühmten Pharaonen, die nach ihrem Tod durch eine Spezialbehandlung selbst zu Göttern geworden sind. Die ständige Gegenwart der Sonne sorgt dafür, dass sie nie altern und es beneidenswert gut haben.

Die Religion des alten Ägypten ist heute zwar ein bisschen aus der Mode gekommen, aber hier kann man Teenie-König Tut Ench Amun, Büsten-Wunder Nofretete, Design-Guru Cheops (Pyramide) und natürlich auch der legendären Stil-Ikone Cleopatra beim Sonnenbaden zusehen. Das macht man eine Zeitlang, bis man davon genug hat. Den aus alten Kinofilmen bekannten Sinuhe findet man im Rest der Unterwelt – einfach mal nach ihm fragen.

FAZIT

Das Jenseits wird hier von fremdartigen Wesen regiert – das mit den Tierköpfen kann okay sein, ist aber auf die Dauer schwer gewöhnungsbedürftig und die Schrift ist schwierig.

Alles in allem kann der Mangel an Betätigungsmöglichkeiten dafür sorgen, dass man sich hier schnell unterfordert fühlt. Ansonsten gut zum Relaxen und für eine Karriere als Landwirt.

✪ ✪

Empfehlenswert mit Einschränkungen

Das Christentum

DAS ERLEBT MAN HIER
Man kommt in eine Unterwelt und muss warten.
EIGENWERBUNG
»Gegründet im Jahre 33«

Einführung

Gott spielt im Christentum eine wichtigere Rolle als der Mensch. Gott ist unsterblich, man selbst besteht aus Leib und Seele. Wenn man tot ist, zieht die Seele um, nämlich aus dem vergänglichen in einen himmlischen Körper. Der ist so gebaut, dass er ewig hält[9] – und dann geht's um die Wurst: Wer sein Leben in Liebe gelebt hat, kennt nur ein Ziel, das ewige Glück durch die Gemeinschaft mit Gott.[10] Die Folge ist die sofortige Aufnahme in den Himmel, wo es so schön ist, dass man nur in Bildern und Gleichnissen darüber reden kann.[11] Wer nach dem Tod noch an Bösem anhaftet, kann auf den letzten Drücker alles wenden, indem er sein Innerstes für Gott öffnet. Dieser Vorgang befreit ihn vom allem Schlechten. Das ist das Fegefeuer, bei dem man durchs Feuer der Liebe gereinigt wird.[12] Achtung: Gilt nicht für evangelische Menschen, die glauben nicht daran.[13]
Aber in die Hölle kommt, wer Gott zurückweist. Zur Strafe besteht sie aus der ewigen Trennung und aus Ferne von ihm. Hier ist man für immer unglücklich,[14] aber das ist natürlich alles auch nur symbolisch gemeint. Meist kommt man aber zunächst einmal in eine Unterwelt, in der nur wenig passiert. Das bedeutet, dass man drüben genügend Zeit hat, mit anderen zu kommunizieren und mit Toten in Kontakt zu treten. Man bekommt da-

bei zwar »weder Erkenntnis noch Weisheit«,[15] kann aber hier gut ausharren und, wie gesagt, insgesamt ziemlich lang vor sich hin warten. Die meiste Zeit über leidet man auch, wahrscheinlich unter Langeweile, fühlt sich von der Welt vergessen und ist nur noch ein Häufchen Elend, das nicht weiß, wann der ersehnte Big Bang endlich kommen wird, der Tag, auf den alle schon noch viel, viel länger warten als man selbst.[16]

Anreise – Der Jüngste Tag

Das Warten hat ein Ende und die Anreise beginnt mit einem spektakulären Ereignis: Die Zeit bleibt stehen. Alles Leben endet auf einen Schlag, und es gibt nur noch das Überweltliche. Die Welt tritt in die Gemeinschaft mit Jesus, Gott und dem Heiligen Geist ein und wird in Himmel und Hölle aufgeteilt.

Vermutlich schmerz- und geräuschlos wird jede Seele mit ihrem verstorbenen Körper wiedervereint. Jeder muss sich dann persönlich vor seinem Schöpfer für sein Leben verantworten (Totengericht).[17] Aber keine Angst! Er gilt als das netteste und menschenfreundlichste Wesen der Welt, gerecht und barmherzig.[18] Als höchste und allwissende Lebensform kennt er jeden persönlich und hat die Welt mit allem erschaffen, was von Natur aus in ihr enthalten ist, selbstverständlich auch den Menschen. Er manifestiert sich als unsichtbarer Chef, der weiß, was er tut. Bei ihm liegt die Entscheidung über Leben und Sterben. Seine Anhänger erhalten, wenn sie sich immer gut aufgeführt haben, die Ewigkeit in einer himmlischen, besseren Welt. In allen anderen Religionen hat er einen Namen. Nur im Christentum heißt er, wie der Gattungsbegriff, einfach nur Gott; das Wort kommt aus dem Indogermanischen und bedeutet »der, dem man opfern kann«. Dementsprechend kurz, aber herzlich ist die Begrüßung. Das Verhör geht vorüber, und dann entscheidet er, wo man die nächsten paar Jahrtausende verbringt.

Ankunft

Gute Menschen kommen zu ihm in den Himmel und treffen viele Verstorbene, unter anderem auch sonst nur aus Erzählungen bekannte Märtyrer und Heilige, die schon vor Jahren ohne Gericht hierhergekommen sind und sich bestimmt gut auskennen – einfach fragen und ansprechen. Beliebtester Gesprächsstoff: Allgemeiner Erfahrungsaustausch und die Vorzüge Gottes.

Böse Mädchen kommen entgegen der landläufigen Meinung nicht überallhin, sondern in eine Hölle oder, mit etwas Glück, »nur« ins Fegefeuer. Überhaupt fliegen renitente Ungläubige und diverse andere Wesen[19] direkt nach dem Totengericht in eine geologische Depression, die mit einer teuflischen Mischung aus Pech und Schwefel gefüllt ist, die man den »Feuersee« nennt.[20] Hier werden sie Äonen lang gequält.

Aber nicht für immer. Denn am Schluss nimmt Gott alle in seiner Gnade auf. Das ist die Basis der christlichen Religionen, die sich im Diesseits, Speise- und Gebetsvorschriften, viel deutlicher voneinander unterscheiden.

Nur koptischen Christen erscheint manchmal beim Sterben ein Todesengel mit sieben Köpfen; Gute sehen ihn dann als eine sanfte, Böse als eine feurige Gestalt.

Das Jenseits im Mittelalter

Noch vor ein paar Jahrhunderten war die Vorstellung vom Jenseits weitaus differenzierter und ornamentaler. In einem malerischen Abgrund lebt der Teufel hier im Abaddon,[21] der Unterwelt des Alten Testaments, in der erst mal alle toten Seelen landen.[22] Gelernt hat er ursprünglich Posaunenengel, aber für Gott arbeitet er unter dem Namen Luzifer, der Lichtbringer.[23] Eines Tages lehnt er sich dann gegen seinen Chef auf, will ihn stürzen, und es kommt zum Kampf.[24] Im letzten Moment wird er von Gott auf die Erde geschleudert, reißt einen Mordskrater in den Boden und ist hier seitdem als Satan tätig. Sein Job: Allgemeines Quälen und die Versuchung aller Menschen. Assistiert wird er von einem Mitarbeiter namens Beelzebub, der ursprünglich einmal als Stadtgott von Ekron im Land der Philister tätig gewesen ist, und zwar unter dem Namen »Baal Zebul«, der Herr der Fliegen. Heute ist er der Chef der Dämonen, mit denen man sich hier auseinandersetzen muss.[25] Man betritt seine Welt durch das Höllentor und kommt in eine Gegend, in der alle geplagt werden, die sich im Leben nicht zwischen Gut und Böse entschieden haben. Dahinter liegt der Fluss Acheron, nach dem der äußerste Kreis der Hölle beginnt. Dort leben Seelen, die ohne eigenes Verschulden vom Himmel ausgeschlossen sind oder das Pech hatten, vor Jesus auf die Welt gekommen zu sein: Biblische Propheten, ungetaufte Kinder, tugendhafte Ungläubige wie Homer, Horaz und Ovid und andere. Das Ambiente erinnert an ein schlechtes Hotel, in dem es nichts nützt, wenn man sich beschwert.

Was wirklich schlimm ist, ist hier die unstillbare Sehnsucht nach dem Gott der Armen Seelen, der Verstorbenen zwischen Tod und Aufnahme in den Himmel. Die weiteren Kreise der Hölle sind für Wollüstige, Schlemmer, Geizkrägen, Verschwender, Jähzornige und Träge gedacht. Im fünften Kreis sieht man den Höllenfluss Styx und die Stadt Dis. Falls man sie nicht gleich findet: Einheimische danach fragen! Ketzer und Gottlose wohnen im sechsten, Mörder und Gotteslästerer im siebten, Verführer, Korrupte, Wahrsager, Heuchler und Diebe im achten Kreis. Luzifer selbst trifft man im neunten, dem innersten Höllenkreis, im Mittelpunkt der Erde an, wo sich außer ihm auch noch die Allerschlimmsten (z. B. Judas und Brutus) aufhalten.

Am Kraterrand geht es dann wieder nach oben zum Fegefeuer, lateinisch Purgatorium, in dem sich Seelen auf den Himmel vorbereiten. Es ist ein Läuterungsberg mit sieben Stufen, an seiner Spitze liegt das »Paradies«, in dem man nach dem Jüngsten Gericht das ewige Leben verbringen wird. Das Wort stammt von den Persern und bezeichnet einen eingezäunten Park, Tier- oder Zaubergarten. In dem wohnt Gott mit den Milliarden, die ihn anbeten. Im Zentrum des Himmels liegt als automobilfreie Großstadt das himmlische Jerusalem.[26] Über seiner mit vielen Edelsteinen verzierten City wölben sich neun weitere Sphären, über denen schließlich als höchste das Empyreum liegt, der Sitz Gottes.[27]

Land und Leute

Wichtige Termine: Weihnachten ist auch im christlichen Himmel sicher eine Menge los (Geburtstagsfeier vom Juniorchef).

Promi-Wahrscheinlichkeit

Die höchste – von Goethe bis Luther, von Dürer bis Chagall, von Bibelvater Abraham bis zu Teufelsgeiger Helmut Zacharias findet man hier beinahe jeden – auch Päpste und Witzbolde wie Kurt Tucholsky und Graham Chapman, von ausgewiesenen Fans wie Mutter Teresa und Franz von Assisi zu schweigen: Hier ist jede Menge los.

FAZIT

Hier kann man sich richtig gut aufgehoben fühlen. Alle sind hier unten (wenn man das so sagen darf) vertreten, und es geht – bis zum Jüngsten Gericht – niemandem richtig schlecht. Später in Himmel und Hölle trifft man Bekannte, Prominente und Idole.

✪ ✪ ✪

Empfehlenswert

Die Katharer

DAS ERLEBT MAN HIER
Du wirst pausenlos in einer Hölle wiedergeboren.
EIGENWERBUNG
»Oui, wir 'aben geöffnet – seit dem 13. Jahrhundert!«

Einführung

In krassem Gegensatz zum Christentum stehen die Katharer, die im 13. Jahrhundert, also nach den Kreuzzügen, zur falschen Zeit eine Alternative zu den vertrauten Darstellungen der Christen gefunden haben. Sie leben zwischen Spanien und Frankreich in Burgen und Dörfern der Pyrenäen und haben eine für die damalige Zeit äußerst waghalsige Erklärung für alles.[28] Sie lehren: Wenn man den Zustand der Welt ansieht, mit all ihren Ängsten, Nöten und Ungerechtigkeiten, kann man nur zu einem Schluss kommen – Die Welt ist vom Teufel gemacht worden!
Und das kommt so: Es gibt zwei Prinzipien, zwei Kräfte, zwei Götter. Zum einen ist da ein gütiges Wesen, das die positive, helle Macht des Lichts verkörpert; auch hier haben höhere Lebensformen Leuchtkraft. Zum anderen gibt es aber auch ein Wesen, das die Macht der Finsternis ist. Gut gegen Böse, beide sind gleich stark, keins ist allmächtig. Seitdem liegen sie sich in der Wolle und kämpfen miteinander. Vernünftige Leute finden den Guten sympathisch und drücken ihm die Daumen, denn der andere ist ja einfach nur böse.
Am Anfang der Zeit hat dieser andere die Seelen auf die Erde gelockt. Dort werden sie in ein Gefängnis gesperrt, das jeder von uns kennt: Den Körper mit all seinen Vor- und Nachteilen. In

ihm lebt man in seiner blöden Welt, die einen mit Lüsten und Qualen aufstachelt und peinigt, und muss sich dann auch noch ständig entscheiden: Hält man zum guten Gott? Dann muss man die spießige Kirche und ihre bigotten Päpste und alle, die sich auf »höhere Mächte« berufen, ablehnen. Auch sie sind vom Bösen geschaffen und in Wirklichkeit einfach nur Menschen![29] Das lässt der Heilige Stuhl in Rom natürlich nicht auf sich sitzen. In mehreren Feldzügen werden die Katharer zusammengetrieben. Dann stellen ihre Häscher fest, dass sie sie nicht von den üblichen Knechten, Burgbewohnern, Bäuerchen und dem Rest der Landbevölkerung unterscheiden können – finden dafür aber schnell eine Lösung: Ein einfaches Huhn wird besorgt – und zum Verräter an ihrer Religion. Wer sich weigert, es zu schlachten, muss ein Katharer sein. Die leben nämlich gewaltfrei, verschonen Tiere und vermeiden auch Produkte wie Eier, Butter, Joghurt, Molke, Kinderschokolade, Milch oder Käse. 1244 fällt die Burg Montsegur, ihre letzte Bastion. Heute erinnert nur noch das Wort »Ketzer«, das von ihnen abstammt, an ihr Schicksal.

Besonderheit: Wiedergeburt

Nach dem Tod wird bei den Katharern jeder Mensch – weil er als eines von vielen Lebewesen eine unsterbliche Seele hat – immer als neues Geschöpf wiedergeboren. Vielleicht als Mensch, vielleicht auch als Tier.
Die gute Nachricht ist, dass es keine Hölle gibt. Und die schlechte die, dass wir in einer leben. Katharer finden die moderne Welt mit ihren vielgestaltigen Geschöpfen nicht so gut, wegen des ständig darin stattfindenden, erbarmungslosen Kampfs ums Dasein. Und auch hier gilt: Nur durch innere Wandlung, die Überwindung des Bösen und den Sieg über das Dunkel im eigenen Selbst kann eine Seele in himmlische Sphären, in den Garten Eden, ins Glück und zur Liebe kommen, in den Himmel.

Land und Leute

Reine, verschlossene und ziemlich pingelige Seelen.

Promi-Wahrscheinlichkeit

Ziemlich gering – das Jenseits der Katharer ist von VIPs und Sternchen verschont geblieben. Höchstens vereinzelt trifft man Würdenträger, unbekannte Heilige und Tempelritter, die aber nur Insidern bekannt sind. Wer Wert auf Anonymität und Abgeschiedenheit legt, bekommt sie hier.

FAZIT
Wirkt ziemlich stressig und macht keinen Spaß.

✪

Nicht zu empfehlen

Die Germanen

DAS ERLEBT MAN HIER
Man ist in seinem Grab eingeschlossen, danach reist man auf Wolken nach Norden.
EIGENWERBUNG
»Im Jenseits in Betrieb seit 1800 Jahren«

Einführung

Was die Germanen nach dem Ableben erwartet, ist eine ganz schön deftige Sache. Aber zuerst beginnt hier eine Reise ins Jenseits erst mal mit Warten. Nach dem Tod, Körper und Seele haben sich getrennt, lebt man als Geist, und nur in zwölf ganz bestimmten Nächten, nämlich den Rauhnächten der Julzeit, also um die Weihnachtszeit und vom 24. Dezember bis Heilige Drei Könige (6. Januar), kann man als Seele aus dem Grab entweichen und sich auf die Reise machen. Dann schlüpft man wie der Wind durch eine Öffnung in der Grabverschlussplatte, das Seelenloch, und macht sich auf den letzten Weg.

Anreise – Die wilde Jagd

Zuerst fliegt man mit anderen Seelen durch die Luft. »Wotans wilde Jagd« nennt man das Spektakel, bei dem eine höhere Lebensform (Wotan) auf einem weißen Pferd ganz vorne reitet. Die Daseinssphäre, die hierbei erreicht wird, ist ein Zwischenstopp und wird »die grüne Wiese« genannt. Von hier aus muss nun jeder Einzelne nordwärts und quer übers Meer, hinter dem dann am anderen Ende das Totenreich liegt. Wer es sich leisten kann, wird auf oder mit einem Schiff begraben, das ihn trägt. Alle anderen müssen schwimmen.

Ankunft – Willkommen im Totenreich

Schon bei der Einreise haben manche mit Problemen zu kämpfen. In der Brandung treiben Schwerter, die sie verletzen, und auch wer den Strand erreicht, ist noch lang nicht in Sicherheit. Ein Höllenhund greift hier diejenigen an, die im Diesseits Verbrecher, Vergewaltiger und Mörder waren und so ihre Strafe abbüßen müssen. Alle anderen machen sich auf den Weg weiter vom Strand weg ins Landesinnere, wo es als Nächstes gilt, den Gjöll, den malerischen Todesfluss, zu überqueren.

Germanische Heldentruppe auf dem Weg nach Walhalla.

Sehenswürdigkeiten

Die goldene Brücke über den Gjöll ist eines der sehenswertesten Bauwerke des Jenseits. Ebenso die Frau, die sie bewacht – die Riesin Modgud. Unbedingt anschauen sollte man sich außerdem:

Hel – Die Burg der Totengöttin

Ein absolutes Muss und das Reisehighlight für jeden ist der Besuch in einem wirklich irre großen Bauwerk: Hel, die germanische Totengöttin, sonst eine exotische Erscheinung, weil sie zur einen Hälfte eine normale, zur anderen eine blau-schwarze Hautfarbe hat, also halb tot und halb lebendig ist, hat hier einen Traum verwirklicht, den man selber lieber nicht haben würde. Ihr typischer Stil findet sich in einer Symbiose aus Landschaft und Architektur wieder: Wildbäche rauschen vor der Tür, hohe Mauern umschließen einfallsreiche Säle, deren Wände aus lebenden Schlangen bestehen, vom Dach rinnt giftiger Regen, und ein besonderer Hingucker sind die Fenster, die alle nach Norden rausgehen!

Bei gutem Wetter kann man von ihnen aus auch einen Drachen (Nidhögg) und einem ziemlich aggressiv wirkenden Wolf dabei zusehen, wie sie die Leichen verstorbener Verbrecher verspeisen. Hier verbringt man fast für immer ein Leben ohne Strafe. Nutzen Sie die Gelegenheit, um Ihre Sprachkenntnisse zu erweitern. Übrigens: Vom Wort Hel stammt auch das deutsche Wort für Hölle.

Die Götterdämmerung

Auch im Jenseits der Germanen ist nichts für immer. Denn am Ende der Zeit krähen zwei Hähne (einer im Totenreich der Hel, einer in Walhalla, mit einem goldenen Kamm) und wecken die Verstorbenen zum Endkampf. So bricht die »Götterdämmerung« heran, in deren Verlauf dann auch noch urzeitliche Eisriesen angreifen. Nach einem elend langen Training ziehen die Helden in die Schlacht – als auserlesene Streiter (Einherier) Odins. Sie werden gewinnen, aber das ist dann auch das Ende der Welt. Danach wird ein gewaltiges Feuer alles vernichten, bis eine neue, gereinigte Erde aus dem Meere emporwächst, auf der von dann an alle Götter und Menschen glücklich in einem goldenen Zeitalter leben. Unbedingt sehenswert!

✴ Helden kommen nach Walhalla

Wer im Kampf fällt oder aufgespießt auf einem Schlachtfeld herumliegt, der erlebt etwas ganz Besonderes. Der wird dann nämlich in Wirklichkeit von Pferden abgeholt, auf denen blonde, muskulöse Reiterinnen sitzen. Das sind die berühmten Walküren, die Schildmädchen Odins. In voller Montur ist eine Walküre eine Mischung aus Iron Woman und Hooligan.[30] Sie kümmert sich um die Seele des Helden und bringt sie nach Walhalla.

Walhalla ist eine wirklich schön gelegene Burg in Privatbesitz. Zutritt haben nur außergewöhnliche Menschen. Ständige Party mit Musik, Met und Bier, und die Walküren (eigentlich Göttinnen unteren Ranges), die sich hier in freundliche Mädchen verwandelt haben, bedienen dabei. Überall herrscht gute Laune, dazu isst man am liebsten Schweinefleisch, das von selbst nachwächst. Allerdings müssen in Walhalla alle Kampfsport trainieren, und zwar mit scharfen Waffen. Wer sich dabei schneidet, wird durch die heilsame Milch einer Ziege (Heidrun) wieder gesund. So werden auch Waschlappen nach ein paar Ewigkeiten Sport zu überlegenen Killer-Maschinen.[31] Erschaffen wurde das Ganze von Odin, dem Vater von allem. Zwei Raben fliegen für ihn täglich rund um die Welt und berichten, was dort vor sich geht. Wenn sich der Chef selbst in Walhalla aufhält,[32] führt er seinen germanischen Götterhimmel wie einen Familienbetrieb. Auch seine Söhne Thor, Baldur und Braga, Ehefrau Frigga und Tochter Gersemi, die so schön ist, dass Kleinodien nach ihr benannt werden, arbeiten darin mit.[33]

Land und Leute

Die ständige Party mit Musik, Met, Korn und Rippchen ist nicht jedermanns Sache. Das viele Gerede über Schlägereien und ein pausenloses Angeben mit nackter Gewalt hat ihn geprägt, den

Charakter der Leute im Jenseits der Germanen, die unter einem ewigen Kater leiden und einander ständig in sportlichem Wettstreit den Schädel einschlagen. Brutalität, Tücke und Gemeinheit haben mittlerweile wahrscheinlich längst den Geist von Walhalla ersetzt. Nur in Hels Burg ist davon nichts zu spüren. Hier hängt man stattdessen lustlos herum oder macht etwas mit den anderen. Das Jenseits ist hier von Erwartungslosigkeit geprägt.

Promi-Wahrscheinlichkeit

Ziemlich hoch – wer nach Walhalla kommt, kann dort gegen Siegfried (den echten, nicht den mit Roy) antreten, sich mit dem finsteren Hagen im Schwertkampf messen oder Sachsenkönig Widukind fragen, wie das damals mit Karl dem Großen wirklich war. Bei Hel leben all die, die sie bewundert haben.

FAZIT

Das Ganze strotzt von Naturwundern, Abhärtung und Gesundheit. Der westfälische Charakter des Jenseits (mit Schinken und Bier) macht einen Aufenthalt hier beinahe zur Pflicht. Zartbesaitete Gemüter können mit den Schlägereien und dem ständigen Rummel nichts anfangen.

Empfehlenswert mit Einschränkungen

Der Zarathustrismus (Parsen)

AUF DER BRÜCKE DER ENTSCHEIDUNG

DAS ERLEBT MAN HIER
Man kommt zu einer Brücke und muss sie überqueren.
EIGENWERBUNG
»Geöffnet seit 1400 v. Chr. bis heute«

Einführung

Die Anhänger Zarathustras bilden eine äußerst erfolgreiche Religion im alten Persien, die in vielen Kulturen Spuren hinterlassen hat.[34] Bei ihr heißt die höchste Lebensform Ahura Mazda (genau, wie die Automarke) und ist die mächtigste, die es gibt. Sie lebt ewig und hat ganz allein alles Gute, Schöne, Nützliche und Wahre erschaffen; gefolgt von Himmel, Erde und Pflanzen, den ersten Tieren und den ersten Menschen.

Parallel dazu hat allerdings jemand namens Ahriman (Anramainyu, später Ohrmuz) auch herumgeschöpft, und zwar alles Böse, Schädliche, Hässliche und Unwahre. Seitdem haben die beiden die Welt aufgeteilt. Das Resultat: Kampf. Zwölftausend Jahre werden beide im Clinch liegen, bis ein neuer Heiland geboren und der böse Geist vernichtet wird. Am Schluss wird die Welt untergehen und ein neues Reich Mazdas entstehen, in dessen Rahmen auch die Toten wiederauferstehen.

TIPP Beachten Sie, dass Feuer und Erde reine Elemente sind, die Sie durch Ihre Leiche verunreinigen. Lassen Sie Ihren Körper zerhacken und den Vögeln zum Fraß vorsetzen, am besten Geiern in Mumbai, wo immer noch 70 000 Parsen leben; Parsen sind zarathustria-

nische Perser, die lange vor unserer Zeit unter dem Ansturm der Moslems ihre Kultur nach Indien retteten und seitdem eng zusammenhalten. Ihre Nachkommen können das mit der Indischen Botschaft regeln.

Anreise – Das schnellste Gericht der Welt

Beim Sterben trennen sich Körper und Geist. Vier Tage nach dem Tod – der Himmel weiß, was sie in der Zwischenzeit gemacht hat – kommt die Seele an einem Bauwerk namens Cinvat an. Das ist die »Brücke der Trennung«, die hinüber ins Jenseits führt. Eine eigenwillige Konstruktion mit einer technisch raffinierten Lösung, die den Ablauf des Rechtsprechens beim Totengericht beschleunigt. Ihre Mitte hat die Form eines messerscharfen Schwertes. An ihrem Fuß erscheint Mazda persönlich in Begleitung einiger Engel. Weil er allwissend ist, werden alle juristischen Tricks scheitern und man nicht umhin können, jetzt die Wahrheit zu sagen. Für jede Tat gibt es von ihm eine Belohnung und für jede Seele ein Urteil.

Wer die Brücke betritt und nach Zarathustras Lehre gelebt hat, stellt fest, dass sie waagerecht und stabil ist. Auf ihr steht ein etwa dreißig Meter breiter Fahr- bzw. Gehweg zur Verfügung.[35] Jetzt bloß nicht am Rand gehen und nicht nach unten sehen! Darunter liegt ein tiefer Abgrund. Nach kurzer Wanderung kommt man im dahinterliegenden Himmel an.

Bei Übeltätern, die mehr böse als gute Taten begangen haben, dreht sich die Brücke zur Seite, so dass ihre Kante zur Schneide eines messerscharfen Schwertes wird. Wer darauf tritt, stürzt ab und landet unweigerlich in der Hölle, dem »schlechtesten Ort«. Hier kümmern sich düstere Lebensformen auf ihre Weise um die aufgeprallte Seele und schleppen sie erst mal zum Haus der Dämonen, wo man sie lautstark und johlend willkommen heißt.

Oder man landet im ersten Fegefeuer, das überliefert ist – in einer Zwischenlösung für alle, die mal gut, mal schlecht waren, ohne viel dabei zu denken. Hier wird man für sich allein mit Gewissensbissen gepiesackt, hadert mit Begierden und denkt über seine bösen Taten nach.

Wenn einem so etwas zustößt, hilft nur eins: Denken Sie an was Schönes oder an Fußball. Multiplizieren Sie im Kopf 365 mit 12,34 und teilen dann das Ergebnis durch 7. Lenken! Sie! Sich! Ab!

Ankunft – Der Himmel

Rundum positiv ist dagegen der Aufenthalt im Himmel. Wenn man von hier aus Postkarten verschicken könnte, würde darauf stehen: »Super Empfang am Ort der Lobgesänge. Hier sind alle selig und von Sonnenlicht erfüllt. Man wohnt in einem herrlichen Garten und hört reine Gedanken und heilsame Worte. Den Rest der Zeit verbringt man mit Lobgesängen und Anbetungen von Mazda. Die erfüllen einem hier echt jeden Wunsch! Fröhliche Grüße, Opa.«

Land und Leute

Mögen Sie Rätsel und ist für Sie die Zeit ein Riesen-Mysterium? Dann sind Sie im späteren Zarathustrismus richtig. Hier gibt es die Sekte der Zurvaniten, die die Zeit das Urprinzip aller Dinge ansieht – der Raum und die Zeit, beide unendlich, sind für die das Größte! Die dafür zuständige, höhere Lebensform besteht in diesem Spezialfall aus der Güte, der Religion und der Zeit an sich. Als ihre Söhne (Ahura Mazda und Ahriman) geboren werden, trennt sie das Licht von der Finsternis.

Wer sie kennenlernen will: nach Zurvan fragen!

Promi-Wahrscheinlichkeit

Mäßig bis lau – seit der Glanzzeit des Zarathustrismus hält sich hier zwar Großkönig Xerxes I. auf (Achtung: spricht nur Persisch!), seit Neuerem aber auch der Gatte von Indira Gandhi. Mehr oder weniger frisch angekommen ist Freddie Mercury, Musikus Zubin Mehta wird noch erwartet.

FAZIT

»Das mag ja alles ganz nett sein, aber das mit der Brücke ist ein guter Tipp!« – wenn Sie das nach dem Tod sagen wollen, sind Sie im Jenseits des Zarathustrismus richtig. Am besten vorher noch einen Survival-Kurs machen. Ansonsten eine herrliche Sache!

✪ ✪

Empfehlenswert mit Einschränkungen

Der Islam

ES KANN NUR EINEN GEBEN

DAS ERLEBT MAN HIER
Man liegt im Grab und bekommt Besuch von einem Engel.
EIGENWERBUNG
»Pausenlos geöffnet seit 1300 Jahren«

Einführung

In jeder mosaischen Religion ist die höchste bekannte Lebensform immer ein Totalgott, ein Gott der Superlative. Einer, der alles erschaffen hat, stets allmächtig ist und alles weiß. Er regiert die Welt, keiner kann ihm das Wasser reichen, und im Islam, einer der beiden großen, mit je einem Missionierungsauftrag ausgestatteten Weltreligionen, ist das höchste Wesen wirklich groß, absolut weise und voll Mitgefühl und milde, weil es alles liebt. Im Nukleus jeder Religion, die überleben will, kreist ein in sich geschlossenes, liebevolles Weltbild.

Auch im Islam rotiert es beharrlich vor sich hin. Dieser Gott hat die Menschen erschaffen, damit sie ihn finden, ihm dienen und gehorchen können.[36] Er hat ein anhängliches Wesen und seitdem schon häufig die Begegnung mit ihnen gesucht oder sich zu erkennen gegeben. Dabei helfen ihm Engel, Geister und Heilige, und so kommen die Offenbarungen zustande, die er ihnen übermittelt, die Thora und der Koran.[37] Die Menschen, die die göttliche Offenbarung erhalten haben und die mit Vornamen Adam, Abraham, Moses, Jesus oder Mohammed heißen, nennt man Propheten.

Sie lehren: Wenn man mit allem gut klarkommen will, dann baue man darauf, dass das höchste Wesen alles im Leben vorhergesehen hat. Das Leben ist die Prüfung für die Zeit nach dem Tod. Der befreit jeden eines Tages von allem, was anstrengend ist,[38] und schickt einen auf die große »Reise in die ewige Glückseligkeit und zur ursprünglichen Heimat«.[39]

Reisevorbereitungen – Kurz nach dem Tod

Die Seele ist unsterblich. Sie ist im Körper verankert wie Adern und bleibt auch drin.

Nach dem Sterben liegen beide im Grab, aber die Seele befindet sich auch noch in einer Art Zwischenwelt, der Berzah, in der alles möglich ist. Womit man rechnen kann, ist, dass einem hier nach dem Tode bald eine höhere Lebensform erscheint, der Erzengel Asrael. Und ab dann kommt's darauf an, ob man gläubig oder ein Sünder ist. Denn einem Muslim erscheint er in seiner schönsten Gestalt; dann fließt die Seele von selbst aus dem Körper. Ungläubige hingegen widersetzen sich, bis er »Gib mir deine Seele!« fordert und sie ihnen einfach aus dem Leib reißt. Jedem zeigt er sodann die andere Seite der Realität, das Paradies und die Hölle – und sagt einem schließlich: »Hier wirst du hinkommen, je nach Glaube und Taten.«

In der ersten Nacht nach der Beisetzung bekommt man dann wieder Besuch. Wieder ist es ein Bote Gottes, doch diesmal hat er einen Kollegen dabei. Munkar und Nakir heißen die Frage- und Strafengel. Auch sie erscheinen in schöner oder schrecklicher Gestalt und fangen ein harmloses Gespräch an. Dann wollen sie es plötzlich ganz genau wissen. Wer ist denn dein Gott? Wer dein Prophet? Tägliches Beten, wie sah's damit aus? Und warst du auch gut zu den Armen?

Die richtige Antwort bringt die Seele wieder an den Rand des Paradieses. Von da an verbringt sie die Zeit mit Zusehen und erblickt dabei wahrscheinlich den einen oder anderen Märtyrer oder Heiligen, der schon vor dem Jüngsten Tag rein darf. Die Seele hat von hier aus also eine angenehme Aussicht auf das ewige Glück, und auch ihr Grab wird größer, so dass sie sich darin wie in einem Bett geborgen fühlt.

Die falsche Antwort (»Keine Ahnung, ich wusste ja nicht, öh …«) bringt das genaue Gegenteil: Man bekommt von den Engeln eine gelangt. Danach lassen sie einen in Ruhe, aber man muss sich jetzt viele Jahre die tiefste Hölle der Welt angucken, ohne diesen Anblick wieder abschalten zu können.

Warten aufs Totengericht

Aus Tradition verbringt man die Zeit mit einer großen Inspektion der eigenen Befindlichkeit und bereitet sich danach in aller Ruhe auf das vor, was einen in tausend, vielleicht aber auch erst in Myriaden von Jahren erwarten wird. Bis zum Jüngsten Tag hat man für alles Zeit, die man im Islam allein und bewegungslos in einer Zwischenwelt unweit des Grabes verbringt. Was man auch tut, man hat es nicht eilig.

Anreise – Der Jüngste Tag

Nach langer Wartezeit im Grabe hört man eines Tages plötzlich ein Krachen. Die Erde bebt, die Berge zerbröseln zu Staub, das gesamte Universum wird zerstört, und der Himmel reißt auf. An seinen Rändern stehen dann höhere Lebensformen (Engel) zusammen mit ihrem Chef, gekommen, um über jedes Schicksal zu richten.[40] Die menschlichen Körper werden mit ihren Seelen vereint. Und nun, zum ersten Mal nach Tausenden von Jahren, bewegt man sich wieder und wandert wackelig oder zielsicher dorthin, wo das Gericht stattfinden wird. Vielerorts sieht man Szenen der Gewalt. Wer nicht mit will, wird getrieben. Jeder muss vor dem Thron erscheinen, auf dem das höchste Wesen sitzt, und für seine Taten einstehen. Eine alte Sitte will es, dass man ein Buch überreicht bekommt – mit einem unglaublichen Inhalt: Das ganze eigene Leben ist hier beschrieben. Schonungslos, in allen Einzelheiten, von vorne bis hinten, im Buch der Taten.[41] Jedem, der im Jenseits weiter will, steht eine Wanderung zu einem im Kosmos einzigartigen Bauwerk bevor. Die Sirat-Brücke gilt als das schmalste Bauwerk der Schöpfung und gleichzeitig als wichtigste Verbindungstangente für Seelen zum Himmel. Am Jüngsten Tag wird sie vom Richtplatz quer über einen Abgrund bis zum Tor des Himmels führen. Muslime kommen gut voran, wenn sie von Engeln über die Brücke geleitet werden. Wer die Sirat-Brücke reinen Herzens überschreitet, wird feststellen, dass sie breit wie ein ebener Weg ist – und im Himmel ankommen,[42] in dem es sich für immer wohnen lässt.[43]

Ankunft – Im siebten Himmel

Das Paradies liegt hoch über der jetzigen Welt,[44] und obwohl es landschaftlich gesehen unvorstellbar groß ist und weit ins All hinaussehen kann, hat es sieben Abteilungen. Die wichtigste, der Garten Eden, besteht aus enorm vielen Gärten, durch die kleine Flüsse plätschern. Aber Vorsicht: Nicht alle enthalten kühles Wasser! Bäche aus Milch, Wein und Honig fließen durch viele Kulturen. Der hier reichlich vorhandene Wein kann nicht mit alkoholischen Getränken verglichen werden, denn er macht weder betrunken noch einen Brummschädel. Hier trifft man alle alten Freunde und guten Bekannte, Verwandte und Lieben,[45] alle sind um die dreißig und halten sich im Schatten der Obstbäume auf, wo sie sich unterhalten, aber dabei weder leeres Gerede noch Anschuldigungen aufkommen lassen.

Allgemein erhältlich sind kostenlose, wunderbare Speisen und Geflügelgerichte, und natürlich bekommt man auch zu jeder Zeit Obst. Weil derzeit 2,1 Milliarden Muslime auf der Erde leben, kann man davon ausgehen, dass das Paradies in weiten Teilen orientalischem Geschmack entspricht. Man kann mit teuren

Sesseln und Teppichen rechnen – berichtet wird von Polstern, die mit Gold durchwoben sind – sowie von dornlosen Lotusbäumen, sehr dicken Bananenstauden und mehr. Hier findet man auch die legendären 24 Jungfrauen, die angeblich im Jenseits bereitstehen. Damit sind aber einfach nur junge Mädchen gemeint, die große Augen haben und so zart sind, dass das Mark ihrer Knochen aus ihnen herausschimmert. Oder Weintrauben. Man ist sich in dieser Hinsicht noch nicht ganz einig. Doch so nett sie auch sein mögen, sie tun nur eines: Servieren und sonst nichts, gemeinsam mit Knaben.[46] Und alles, was man sich sonst noch wünscht, wird einem gewährt.

In der Hölle [47]

Für jemanden, der zur Hölle fährt, ist die Reise an dieser Stelle auch gleich schon zu Ende. Bei ihm geht jetzt alles ganz schnell – zu schnell. Der Engel stößt den Menschen vorwärts. Für ihn ist die Brücke nur noch ganz dünn – und damit so scharf wie eine Rasierklinge. Wenn ihn jetzt noch die Gnade Allahs erlöst, hat er Glück gehabt. Sonst geht er einen Schritt voran, tritt auf die Schneide und stürzt mit einem Aufschrei in die tief darunter lodernden Flammen ab, wo er in einer riesigen Feuergrube aufschlägt, in der Teufel arbeiten. Hier will man nicht tot über dem Zaun hängen, muss aber doch. Kennzeichen der Hölle sind glühender Wind, viel kochendes Wasser und eine Ummenge an dichtem, schwarzem Rauch, der über allem hängt. Es ist, als ob die ganze Gegend von einer Umweltkatastrophe heimgesucht worden wäre. Viele der Einwohner sind missgebildet oder haben von Verbrennungen entstellte Gesichter.[48] Hier gibt es Skorpione, deren Stich man noch vierzig Jahre lang spürt – bloß nicht drauftreten! Hinzu kommt die Lärmbelästigung durch das laute Heulen und Schreien derjenigen, die im Höllenfeuer brennen. Das Los trifft Atheisten, Andersgläubige und Götzenanbeter und alle, die »leichte Waagschalen haben.«[49] Aber auch das Essen in der Hölle des Islam hat seinen Namen nicht verdient; es gibt immer nur Disteln und bittere Kräuter. Und egal welches Getränk man bestellt, man bekommt nur trübes Wasser. Positiv gesehen ist die Hölle ein interessanter Ort, an dem jeder in seinen besten Jahren ist, nämlich etwa um die dreißig.[50] Hier wird man zwar immer wieder zu Tode gequält, bekommt dann aber gleich wieder einen neuen Körper. Und in dem kann man immer noch eins tun: Hoffen, dass die höchste aller Lebensformen eines Tages diesem Elend ein Ende setzen und sich erbarmen wird – und das wird sie ganz sicher tun, weil sie ja die Größte ist und für alle ihre Wesen Liebe empfindet. Hier wird eines Tages nichts mehr los sein. Alles verschlossen, alles stillgelegt, vollkommen unbewohnt, mit Toren, die im Wind klappern: Die Hölle ist ein Schrecken mit Ende.

Land und Leute

Orientalisch-malerisch präsentieren sich im Jenseits die gläubigen Muslims. Auch weil alles so ist, wie sie es sich immer schon vorgestellt haben, sind es durch die Bank frohe Menschen, jedenfalls im Himmel. Alle sind freundlich zueinander. Weiter unten geht es nicht so nett zu.

Promi-Wahrscheinlichkeit

Sehr hoch, vor allem Orientalen. Von Politikern wie Saladin (Kreuzzüge), Harun Al Raschid, Khomeini und Saddam Hussein bis zu Bangladesh-Star Scheich Mujbur Rahman, der immer so lustige Westen trug, sowie alle bisherigen marrokanischen, jordanischen etc. Könige. Außerdem trifft man Stil-Ikonen wie Soraya und den Dichter Hafiz, der schon Goethe beeinflusst hat. Für die Zukunft werden u. a. auch die Umbenannten (Cat Stevens und Cassius Clay) erwartet.
Die meisten Andersgläubigen findet man auch hier in der Hölle.

FAZIT

Manchmal muss man ein paar Jahrtausende warten, aber am Schluss hat das Leben immer ein Happy End. Es ist der Gnade der höchsten Lebensform zu verdanken, dass einem hier letztendlich alles verziehen wird.

✪ ✪ ✪
Empfehlenswert

Die alten Griechen

DAS ERLEBT MAN HIER
Man ist ein Geist, und ein Gott bringt einen in einen Wald.

EIGENWERBUNG
»Familienbetrieb, herzlich willkommen seit 500 vor Christos!«

Einführung

Im antiken Griechenland gibt es viele höhere Lebensformen. In Hülle und Fülle bevölkern sie alles, manche erscheinen menschlich, nähern sich arglosen Frauen und schwängern sie, so dass ihre Kinder Halbgötter werden. Diese Halbgötter haben als einzige Menschen die Chance, später mal zu höheren Lebensformen zu werden und in den Olymp zu kommen. Der ist ein ansonsten strengstens abgeschirmtes, exklusives Ressort, in das um 500 vor Christus keiner rein darf. Neuaufnahmen sind nur bei wirklich großen Helden möglich; kleinere müssen sich damit zufriedengeben, dass ein Sternbild (Orion) oder eine Geisteskrankheit nach ihnen benannt wird (Narziss).

Anreise

Wenn sich im Tod die Seele vom Körper trennt, erscheint ihr eine überirdische Lebensform namens Hermes. Sie bringt die Seele zur Ehernen Pforte, so heißt hier die Schwelle zum Totengericht. Dahinter wiegen einige einheimische Götter alle Taten auf, die man im Leben vollbracht hat,[51] sprechen ein Urteil und verweisen einen in Himmel oder Hölle.

Der Weg führt weiter an das Ende der Welt, wo ein gewaltiger Wasserfall liegt. Hier stürzen die schwarzen Fluten der Flüsse Pyriphlegeton und Kokytos in die Tiefe. Ihre Energien sind nicht nutzbar gemacht. Zigtausende von Kilowattstunden rauschen ungenutzt den Bach runter. Statt eines Wasserkraftwerks findet man hier einen wohlriechenden Pappelhain, in dem auch Erlenbüsche und Weiden wachsen. Und in einer Kluft darin liegt dann, das weiß man von früher, tatsächlich der Eingang in die andere Welt – in die des Todes, des Bruders des Schlafes.[52]

Von hier aus geht man weiter zum Acheron, der Lethe und dem Styx. Das sind drei legendäre Flüsse im Jenseits, in deren Flussmitte irgendwo die Grenze zwischen der Welt der Lebenden und der Toten liegt. Vorsicht, ihr Wasser macht unverwundbar! Beim Baden Babys nicht an der Achillesferse festhalten!

Am Ufer des Acheron taucht irgendwann ein Fährbetrieb auf. Seit undenklichen Zeiten besteht er aus einem kleinen Ruderboot, das einem ziemlich schmutzigen Mann gehört und von ihm selbst gesteuert wird. Das ist der weltberühmte Charon – eine lebende Legende. Aber die Überfahrt ist nicht kostenlos. Eine Silbermünze knöpft er jedem Passagier ab, das ist der »Obolus«, mit dem alte Griechen begraben werden. Unter Umständen nimmt er auch Kreditkarten.

 Bei der Beerdigung Kreditkarte mit ins Grab geben lassen (keine Kunden- oder Payback-Karten!), denn wer kein Geld hat, den lässt Charon am Ufer stehen und jahrhundertelang umherwandern, und zwar als Geist, der nicht richtig begraben wurde. Bisher ist es nur einem gelungen, gratis übergesetzt zu werden, und das war Herakles, der damals den Fährmann mit der Waffe zur Überfahrt zwang. Zur Strafe wurde Charon von seinem Chef in Ketten gelegt – ein ganzes Jahr lang. Nicht drauf ansprechen und als Toter immer eine Silbermünze unter der Zunge tragen! Ohnehin hat Charon oft schlechte Laune – und lässt dies seine Passagiere auch spüren. Das braucht einem nicht zu gefallen, aber als Toter ist man überall zur Passivität verdammt und tut gut daran, am besten zu allem brav

zu nicken. Kleiner Tipp: Der Fährmann ist schon ziemlich alt. Bei schlechter Beleuchtung wird er wohl kaum eine Münze aus Silber von einer aus Schokoladenpapier unterscheiden können.

Ankunft – Die Hades-Einreise

Nach einer besinnlichen Bootsfahrt über den Acheron kommt man schließlich am anderen Ufer an. Hier liegt der Eingang des Hades, der von einem mehrköpfigen Hund namens Kerberos bewacht wird. Besser nicht anfassen! Die Unterwelt ist nach ihrem Herrscher benannt, und Hades gilt als starke Persönlichkeit, finster, gnadenlos und hartherzig. Seine Frau heißt mit Vornamen Persephone, und man kann nicht sagen, dass ihre Ehe gut läuft. Sie hat als Tochter der Göttin der Fruchtbarkeit meistens dringende Verpflichtungen und wohnt nur ein Vierteljahr lang bei den Toten; die übrige Zeit des Jahres verbringt sie alternierend im Sonnenreich der olympischen Götter. Aber wenn sie hier ist, ist sie ganz die schwarze Lady. Meistens tritt sie zusammen mit Hekate, einer festangestellten Göttin der Zauberei, oder mit Freundinnen auf, die Schlangenhaare und schwarze, blutgetränkte Kleider tragen. Die schlagen dann mit Skorpionpeitschen gnadenlos auf Menschen ein, an denen sie die Rache der Götter vollstrecken sollen.[53] Der Hades hat drei interessante Ebenen, aber man sollte auf keinen Fall aus den Flüssen trinken. Schon nach einem Schluck aus der Lethe vergisst man beispielsweise, wer man ist, wohin man will und was mal war, und wird zu einem körperlosen Schatten, der vom Blut geopferter Tiere lebt. Auch Abkochen nützt nichts.

Willkommen auf die Insel der Seligen

So nennt man das Elysium, in das die guten Menschen kommen. Hier die wichtigsten Eckdaten:

Wetter: Immer ein sanfter Frühlingswind.
Vegetation: Rosen, Weihrauchbäume, Wiesen.
Seelen: Ohne Erinnerung, Allgemeinzustand selig.
Dauer: Für immer.
Alltag: Reiten, Turnen, Sport, Spiel, Musik und viele Gespräche. Hier hat man jede Menge Zeit zum Ausruhen.

Ab in die Hölle!

Übeltäter kommen ganz tief nach unten, hinter eine Eisenmauer an einem flammenden Fluss. Im Tartaros – so nennen später die Römer die in Europa einfallenden Hunnen (Tartaren), weil sie denken, sie kämen direkt aus der Hölle[54] – werden täglich so viele Seelen wie möglich gequält. Chefgott Zeus' persönliche Feinde bekommen hier ihre Spezialbehandlung: Sie leiden unter Tantalos- und Sysyphos-Qualen und müssen immer wieder einen Stein einen Berg hinaufwälzen oder erleben, dass vor ihnen das Wasser genauso zurückweicht wie das Essen und Trinken.

Die Ausreise

Normalerweise kann, wer einmal drin ist, die Unterwelt nicht mehr verlassen, aber Ausnahmen bestätigen die Regel. Eine junge Griechin (Euridike) wird durch ihren singenden Freund Orpheus hier wieder rausgeholt. Und auch Odysseus war schon in der Unterwelt, na also, geht doch!

Sitten und Gebräuche: Mysterienkult

Eher enttäuschend ist der Mysterienkult. Zwar hat der Hades auch noch erfreulichere, paradiesähnliche Gegenden zu bieten, aber sie sind nur denen vorbehalten, die eingeweiht sind; die müssen dann später nur ganz kurz ins Totenreich und kommen sofort danach bei sagenhaften Göttern zur Welt.
Mühsam ist allerdings ihr irdischer Alltag: bei den Dionysos-Mysterien tanzen vor allem Frauen nachts in wilden Bergen, bis

sie in Ekstase geraten. Man nennt sie Bacchantinnen oder Mänaden, sie selbst nennen es: Dionysos, der beliebte Gott, ergreift Besitz von mir. Die Männer, die vor Ort dabei sind, tragen dazu Bockshörner oder sind als Satyrn verkleidet. Zweck der Orgie: Vorgeschmack auf das ewige Fest.

Anders die Orpheus-Mysterien: Wenn man einer ihrer Anhänger ist, ist der Geist wie in einem Gefängnis im Körper eingeschlossen. Leidenschaften und Triebe binden Leib und Seele zusammen, das Leben ist hart und eine Strafe, die man abbüßen muss. Nach dem Tod geht's munter weiter, man wird pausenlos wiedergeboren, aber eines Tages kann man den Kreislauf der Wiedergeburten beenden, als Folge eines reinen Lebens. Die Orpheus-Mysterien finden Orgien total daneben.

Auch nicht so doll ist der Kult der Großen Muttergöttin. Den nennt man auch den Kult um die Mutter vom Berge, und seine Anhänger heißen »fanatici«. Das ist griechisch, und aus dieser Sprache kommt auch das Wort »Fanatiker«. Sie verbinden sich in einem rituellen Essen mit dem Gott Attis, steigen danach in eine Grabhöhle wie in einen Mutterschoß und kommen erst dann wieder heraus, wenn über ihnen der Todesschrei eines Stiers ertönt. Durch das Besprengen mit frischem Opferblut werden sie zwar rot, aber moralisch gesehen wieder rein, von allen Sünden befreit und wie neu geboren; hier ist das Blut der Träger der Lebenskraft.

Land und Leute

Charon ist wahrscheinlich ziemlich reich, aber was er mit den vielen Münzen, die sich im Lauf der Jahrtausende angesammelt haben, anfängt, ist nicht überliefert. Fachleute vermuten, dass er sie einfach nur sammelt.

Promi-Wahrscheinlichkeit

Ausreichend. Philosophen-Titan Sokrates und sein Freund Platon, Reiseprofi Odysseus, Hebel-Erfinder Archimedes, Kampfmaschine Achilles und Bestseller-Autor Homer sind hier ebenso vertreten wie Supermodel Helena von Troja, aber größere Neuzugänge sind nicht bekannt.

FAZIT

Auf Leute von heute wirkt das Jenseits der Griechen reichlich betulich. Man fühlt sich an einen Friedhof erinnert oder an Alfred Böcklins »Toten-Insel« (Ölgemälde), aber wahrscheinlich sind wir alle wahrscheinlich schon durch die Hollywood-Filme völlig versaut worden. Ansonsten viele Sportmöglichkeiten, Fremdsprachen und tolle Gespräche: der Kultur-Urlaub schlechthin!

✪ ✪

Empfehlenswert mit Einschränkungen

Der indische Materialismus

MAN LEBT NUR EINMAL

DAS ERLEBT MAN HIER
Man verliert das Bewusstsein, dann ist alles aus.
EIGENWERBUNG
»Seit 2507 Jahren geöffnet und immer noch im Recht«

Einführung

Sehr vertraut wirkt das Jenseits im indischen Materialismus, wegen seiner hochmodernen Hightech-Einstellung zum Leben. 500 vor Christus wird der indische Materialismus von Leuten erfunden, die alle Traditionen, Theorien und Vorstellungen ihrer Mitmenschen in Frage stellen. Ihre Richtung heißt Lokayata,[55] d. h. »an der materiellen Welt orientiert«, und ihr Chefdenker Charvaka, ein Zeitgenosse Krishnas, ist zwar schon lange tot, aber seine Ideen sind einfach und sprechen jedem aus der Seele: Es gibt keinen Gott und auch keine unsichtbaren Wesen. Stattdessen nur physikalische Kräfte, die sich gegenseitig beeinflussen. Und unsere Welt ist nur das, was man mit den Sinnesorganen wahrnehmen kann – die Welt der Phänomene.[56] Die Seele ist nur der Körper, das Denken nur eine Funktion des Gehirns, der Mensch nur ein Resultat seiner Umgebung, der Geist eine organische Reaktion des Körpers, und es gibt überall nur die vier bekannten Elemente Erde, Wasser, Feuer, Luft und sonst nix. Und wenn ein Mensch stirbt, kommt das auch danach: nichts.
Rituale und Gebräuche sind unwirksam, und einer Moral zu gehorchen, bringt auch nichts – die stammt doch nur von Menschen ab, und man soll lieber das einzige Leben, das man hat, unter Befolgung der bestehenden Gesetze so gut wie möglich

genießen. Im alten Indien wird Lokayata folglich vor allem bei Reichen und Fürsten sehr beliebt.

Das dicke Ende kommt dann ein paar hundert Jahre später, als der Islam nach Indien vordringt. Alle Schriften des Lokayata gehen hoppla! dabei verloren. Ein paar tausend Jahre später entstehen neue, als die indischen Kommunisten Lokayata für sich entdecken. Zu ihnen zählt eine, die der Marxist Debiprasad Chattopadhyaya schreibt. In ihr rollt er die gesamte indische Geisteswelt neu auf und erzählt, dass Lokayata, das von Hindus, Moslems, Christen etc. immer kritisiert wird, die allererste Religion der Menschheit war – damals, als es noch ein urkommunistisches Paradies gab, in dem man keine höheren Wesen braucht. Dieser traumhafte Zustand findet sein tragisches Ende, als Menschen den Imperialismus erfinden, sich damit durchsetzen und Religionen installieren, um ihre Macht zu erhalten; daraufhin gehen dann Konflikte, Kriege usw. los.[57] Doch der erhoffte Ruck, der nach Chattopadhyayas Willen durch das Kastenwesen gehen soll, bleibt aus. Vielleicht liegt es daran, dass er auch Bücher über Tantra-Sex veröffentlichte. Der Grund für das Aussterben dieser atheistischen Religion wird im Mangel an Kultus, menschenfreundlichen Verhaltensregeln usw. vermutet. Ruhe in Frieden. Hier gibt es nichts, was man weitergeben könnte – die Motivation fehlt.

Land und Leute

Fehlanzeige.

Promi-Wahrscheinlichkeit

Hoch, weil es nicht auf die Religionszugehörigkeit, sondern auf die Praxis ihrer Prinzipien ankommt. Darum ist im Jenseits des

Lokayata mit vielen Prominenten zu rechnen – mehr oder weniger fest eingebucht sind Stil-Ikone Paris Hilton, Erfolgs-Ikone Bänker Joseph Ackermann, jede Menge Punk-, Rap- und Hip-Hop-Stars und vermutlich auch Kult-Autoren wie der Marquis de Sade und Polit-Prominenz (Lenin, Mao Tse-tung).

FAZIT

Einfach nur tot sein? Was soll das denn bringen? Wer sagt, dass nach dem Tod nichts kommt und alles aus ist, hat sich (noch nicht) nicht richtig informiert. Was soll das denn für ein Jenseits sein? Kein Wunder, dass die ausgestorben sind.

✪

Nicht zu empfehlen

Der Satanismus

DER STÄRKSTE GEWINNT

DAS ERLEBT MAN HIER
Man nimmt einfach gar nichts mehr wahr.
EIGENWERBUNG
»Seit 1966«

Einführung

Im San Francisco der sechziger Jahre als Church of Satan gegründet, ist der Satanismus in den USA heute als offizielle Kirche anerkannt. Da drüben geht ja bekanntlich alles. Sie ist nach Satan benannt (Satan bedeutet auf Hebräisch Anfeinder, Gegner, Widersacher), und der Name soll bewusst schockieren – und vor allem klarmachen, dass dort erbitterte Gegner des Christentums am Werk sind. Sie beten ihn aber nicht an, sondern nehmen ihn als ein Symbol für den Widerstand gegen dessen Dogmen. Satan symbolisiert hier den Menschen, der so lebt, wie es ihm seine fleischliche Natur gebietet, voller Hingabe statt Enthaltsamkeit, Vitalität statt Spiritualität, und Weisheit statt Selbsttäuschung.

Im Mittelpunkt des Satanismus steht der Mensch persönlich. Alles, womit man sich im Leben beschäftigen kann, dient seiner körperlichen, geistigen und emotionalen Befriedigung. Man beruft sich auf die Natur, in der vor allem eines am Werke ist: das Prinzip des Überlebens des Starken. Der Mensch ist ein Teil der Natur, wenn auch eines, das durch seine intellektuelle Entwicklung bösartig geworden ist. Als Folge davon neigen normale Menschen zu Dummheit, Anmaßung, Selbsttäuschung, dem Mitlaufen in einer Herde, der Perspektivlosigkeit und Vergesslichkeit, unproduktivem Stolz und Mangel an Ästhetik. Satanisten dagegen sind ständig dabei, sich »von allen Konventionen, die nicht Erfolg und Zufriedenheit im Diesseits versprechen«, loszusagen, und bestrebt, ein Leben hemmungsloser Lust zu führen. Wenn sich hier zwangsläufig das Bild eines älteren Mannes in seidenem Bademantel aufdrängt, der mit seiner Dauererektion zu »Damen« hinüberwinkt, die sich im Hintergrund räkeln, ist das ganz normal.

Denn ihre moralischen Regeln lauten: Kindern keinen Schaden zufügen, niemanden in der Öffentlichkeit belästigen und keine Tiere töten (außer zur Verteidigung oder zur Nahrung). Bei Besuchen dem Hausherrn Respekt erweisen, keine ungefragten Ratschläge abgeben, wenn man selbst besucht wird, lästige Gäste nicht schlecht behandeln und keine erotischen Vorstöße ohne Einwilligung des Sexualpartners unternehmen. Wenn man dabei von jemandem belästigt wird, soll man ihn einfach mal bitten, damit aufzuhören. Wenn er dann nicht gehorcht, darf man ihn vernichten.

Reisevorbereitung

Wenn ein Mensch stirbt, stirbt er einfach und vergeht. Höhere Wesen, Himmel, Hölle, Bestrafung oder Belohung und überhaupt ein Jenseits im eigentlichen Sinne gibt´s nicht. Nur eine Flaschensammlung, Wertpapiere, ein bekleckerter Bademantel und eine vermüllte Wohnung bleiben übrig.

Land und Leute

Fehlanzeige.

Promi-Wahrscheinlichkeit

Eher gering – außer Charles Manson und seine Freunde (ange-fragt).

FAZIT

La dolce vita in seiner stärksten Form. Eine ziemlich rüde Ange-legenheit – Leben ohne jede Aussicht, sich zu verbessern. Bitte unbedingt meiden!

✪

Nicht zu empfehlen

Die Kelten

DAS ERLEBT MAN HIER
Man ist ein Geist und wechselt in eine andere Dimension.
EIGENWERBUNG
»Established 2400 years ago«

Einführung

Lange vor unserer Zeit: Der Teil Europas, der noch nicht von den römischen Sturmtruppen erobert ist, also seine linke und die obere Seite, wird von vielen Menschen bewohnt, die man Kelten nennt. Als Name ist das für sie schon okay; Kelten ist ein Sammelbegriff für die Erbauer von Stonehenge, langhaarige Harfenspieler, Hersteller von ornamentalem Schmuck und Druiden wie Merlin oder Miraculix. Ihr Siedlungsgebiet umfasst Irland, Frankreich und Teile von Deutschland. Zwischen den Stämmen gibt es Gemeinsamkeiten und Verbindungen, im Diesseits wie auch im Jenseits. Für Kelten wird die Welt von zwei höheren Lebensformen beherrscht – einem verheirateten Pärchen.[58]

Sitten und Gebräuche

Normalerweise ist die Grenze zwischen der Welt der Lebenden und der anderen verschwommen – aber zweimal im Jahr kann ein Kontakt hergestellt werden – allerdings nur von der Seite der Toten aus: Die können im Herbst zum Samhain-Fest (in der Nacht des 11. Vollmonds eines Jahres, also um den 1. November) ihre Hinterbliebenen besuchen. In dieser Nacht vereint sich die materielle Welt mit der der Toten. Viele Tote wollen das feiern, fangen dann aber bald Zweikämpfe an oder belästigen die Frauen durch massives Anflirten, Baggern, Grabschen etc. Um das zu vermeiden, bringt man am Abend vorher schützende Ebereschenzweige am Gebäude an, fegt in Erwartung umherwandelnder, pingeliger Vorfahren schon mal das Haus und stellt Essen, Getränke und Stühle bereit, zündet den Kamin oder vor dem Haus ein Schutzfeuer an und verkrümelt sich rasch ins Bett, wo man sich die Decke über die Ohren zieht. Denn man will die Verstorbenen zwar in allen Ehren empfangen, aber auch jede Begegnung mit ihnen vermeiden.

Reisevorbereitung – Wenn man stirbt

Die unsterbliche Seele eines jedes Menschen befindet sich im Kopf. Wie immer trennt sich im Tod der Körper vom Geist, und der kommt dann zur Insel der Seligen. Aber bis dahin ist es noch ein ziemlich weiter Weg, auf dem einige Hindernisse liegen. Besorgen Sie sich noch in diesem Leben Amulette im Fachhandel. Achtung, nicht auf Schwindler reinfallen. Achten Sie darauf, dass sie aus Bernstein, Glas oder Geweih angefertigt sind, und lassen Sie sich damit begraben. Sie wehren das Unheil ab und erleichtern die Reise.

Schon im Diesseits hat der Mensch die Aufgabe, die andere Welt zu finden. Die wird in der Artus-Sage die Insel Avalon genannt und ist nicht genau zu lokalisieren.[59] Avalon ist einerseits dem täglichen Leben sehr nahe und überall. Andererseits aber auch nirgendwo und dabei stets im Hier und Jetzt verankert. Wir leben mitten in ihr, ohne sie wahrnehmen zu können. Manchmal genügt schon Wind oder ein malerischer Nebel, um eine Welt in die andere umschlagen zu lassen.

Technisch gesehen ist Avalon eine Gegenwart, die parallel zu den Menschen existiert. Wer's nicht zu Lebzeiten hierher schafft, hat nach seinem Tod mehr Glück. Für die letzte Reise braucht er allerdings auch noch Verpflegung; sorgen Sie also dafür, dass Ihre Seele im Grab reichlich zu knabbern hat, und machen Sie sich auf den Weg.

Anreise – Ins Land der Seligen

Der Weg führt durch Höhlen, durch Seen und Quellen, vorbei an Megalithen und durch menschenleere Täler zu einer fernen Insel im Westen – oder auch nur unter einige unscheinbare Hügeln in der näheren Umgebung.

Ankunft

Herzlich willkommen. Nach ihrer Ankunft trifft die Seele hier jede Menge Verstorbene, die eigenen Vorfahren, Helden und Heldinnen, Untiere und Riesen. Einfach alle sind hier auf einer riesigen, schier endlosen Party mit üppigem, hervorragendem Büfett. In Sachen Mode ist festliche Kleidung abgebracht; hier zeigt man, was man hat, und viele Verstorbene werden von ihren Dienern und/oder Tieren begleitet. Sie alle haben keine Zeit für Krankheiten und Kummer.

Besonders nett: Hier gibt es weder Zeit, noch Leiden, noch Klassenunterschiede. Eine Strafe für Sünden spielt hier ebenso wenig eine Rolle wie eine Belohnung für gute Taten. Doch auch in Avalon bleibt eine Seele nicht für immer. Es wird zwar einige Zeit dauern, bis ihre Wellness-Kur in der »anderen Welt« (Autre Monde) beendet ist, aber nach einer kleinen Ewigkkeit wird sie weiter in eine von unendlich vielen, anderen Welten wandern – und in einem neuen Körper wiedergeboren.[60]

Achtung, hier können Jahre zu Augenblicken werden oder umgekehrt! Außer mit Musik und Tanz wird man mit nie versiegenden Getränken verwöhnt, die anwesenden Damen sind erotischen Vergnügungen nicht abgeneigt, und für den unwahrscheinlichen Fall, dass einem langweilig wird, werden ständig Jagden und andere Abenteuer veranstaltet.[61]

Dabei geht es meist darum, Ungeheuern oder Hexen den Garaus zu machen, oder man bekämpft andere Adelige. Regiert wird das Ganze von einer höheren Lebensform. Sie heißt Dagda, ist ein Sonnen- und Ahnengott und hat außer einem lebenspendenden Kessel der Fülle auch eine Keule, mit der man neun Krieger auf einmal töten kann. Klar, dass man vor ihr großen Respekt und sie beim Festmahl den Vorsitz hat.

Land und Leute

Viele unsichtbare Wesen leben dort in Hainen, Seen, Tümpeln, Quellen und Bäumen; vor allem die Letzten werden verehrt, und manchmal sieht man in ihnen tatsächlich Druiden mit goldenen Sicheln herumklettern und magische Misteln schneiden. Das Wort Druide hängt mit dem keltischen Wort für Eiche zusammen, und die Namensträger haben einen schweren, anstrengenden Beruf mit langer Lehrzeit.[62]

Promi-Wahrscheinlichkeit

Hält sich in Grenzen. Hier tummeln sich zwar Zauberer Merlin, diverse irische Könige und Schriftsteller wie Sir Thomas Malory und Marion Zimmer-Bradley, aber der Zahn der Zeit hat dafür gesorgt, dass schon seit mehreren Jahrhunderten niemand mehr dazugekommen ist.

FAZIT

Ein Jenseits wie aus dem Verkaufsangebot eines Esoterikladens.
Viel Speis und Trank, Lieder und Geselligkeit, lustige Seelenwanderungen und allerlei Sport, Spiel und Spaß von jeder Sorte.

✪✪✪

Empfehlenswert

Die Mormonen

JESUS IN AMERIKA

DAS ERLEBT MAN HIER
  Man ist ein Geist und kommt in ein Zwischenreich.
EIGENWERBUNG
  »Geöffnet seit 1830 – Neubau!«

Einführung

Der US-Amerikaner Joseph Smith ist 25 Jahre alt, als er eine außergewöhnliche Begegnung hat. 1820 erscheinen ihm in Manchester, New York, mehrere bereits aus dem Christentum bekannte Wesen (Gott und sein Sohn Jesus). Drei Jahre später dann noch eins,[63] und jetzt wird es interessant. Denn durch dieses Geistwesen findet er ein ganzes Lager mit versteckten Goldplatten, die einen eingravierten Text tragen. Smith braucht Jahre, um sie zu entziffern und zu übersetzen. So entsteht die heilige Schrift der Mormonen, das Buch Mormon.

Asien, kurz nach der Sintflut

In Babylon sorgen der Turmbau und die sich ergebende plötzliche Vielsprachigkeit der Menschheit für Verwirrung. Eines der Völker macht sich auf den Weg in den Westen und kommt dabei weiter, als es die damalige Technologie vermuten lässt. Quer über den Atlantik bis an den fernen Strand eines namenlosen Landes, in dem es sich nach seiner Ankunft niederlässt.

Jerusalem, 600 vor Christus

Der Prophet Nephi beginnt auf Geheiß einer höheren Lebensform, ein

Schiff zu bauen. Als er fertig ist, segelt er mit seiner Familie los und kommt zweitausend Jahre vor Kolumbus ebenfalls in Amerika an.

Amerika, 33 nach Christus

Jesus besucht, vom Kreuztod auferstanden, jenseits des Ozeans Nephis Nachkommen, wiederholt dort seine Bergpredigt und stiftet auch ein weiteres Mal das Abendmahl.

Palmyra, New York, 1830

Joseph Smith gründet die Kirche der Mormonen und kann sich der Unterstützung höherer Mächte sicher sein.

Anreise

Auch bei den Mormonen wird die höchste bekannte Lebensform als Lichterscheinung bemerkt.[64] Wenn ein Mensch stirbt, geht er in eine Geisterwelt über. In diesem Zwischenreich, einer Art Weiterentwicklung der christlichen Unterwelt, lebt er dann im geistigen Sinn weiter und kann auch noch lernen und Fortschritte machen, aber allzu gemütlich sollte man sich das nicht vorstellen. Endlich befreit das Ende der Welt die Seelen aus der Unterwelt, vereint sie wieder mit ihren im Grab liegenden Körpern und beendet so die unangenehme und zeitraubende Phase des Totseins. Jeder wird vom höchsten Wesen wieder zum Leben erweckt und vor das auch hier übliche Totengericht gebracht, bei dem es weder eine anwaltliche Vertretung noch eine Möglichkeit zum Einspruch gibt.[65] Spätestens jetzt muss man sich eine gute Erklärung für etwaige Sünden einfallen lassen. Das Urteil wird aufgrund des Lebenswandels gefällt. Wer gut war, hat berechtigte Hoffnungen, zu Gott zu kommen und bei ihm zu bleiben.[66] Jede Religion ist zu mehr als 98 Prozent an der Gegenwart orientiert. Weil die Qualität des jetzigen Lebens immer die des zukünftigen Lebens bestimmt, findet man in jeder eine eige-

Die Hölle der Mormonen hat der Teufel persönlich ausgehoben.

ne, auf das Diesseits ausgerichtete Ethik. Eine Religion, die keine hat, stirbt nach wenigen Jahrhunderten aus.[67] Und jede lehnt Töten und Diebstahl genau so ab wie Lügen und Ehebruch, aber bei den Mormonen kommen noch der gesamte Rotlichtbezirk und die Mitgliedschaft in anderen Religionen dazu.[68]

Ankunft

Zielort ist der Himmel der Mormonen. Natürlich ist das wieder eine Art Garten, aber gleichzeitig auch Wohnsitz des höchsten Wesens und wird von dessen Gegenwart dominiert.[69] Man kann sich schon mal darauf einstellen, dass man hier ewig leben wird und die meiste Zeit damit verbringt, Gott zu preisen. Alle Mormonen werden nach dem Tod – gute Karten vorausgesetzt – mit ihrer Familie wiedervereint. Damit dabei keiner übersehen wird und auch andersgläubige Verstorbene Gelegenheit haben, die richtige Religion anzunehmen, sind viele ganz versessen darauf, Genealogie (Ahnenforschung) zu betreiben. Denn auch wenn man schon lange tot ist, kann man noch Mormone werden – dann wird man einfach posthum getauft. Wer nicht drin ist im Himmel, ist out.

Doch auch für den Schmutz und die Unreinheit der Welt steht bei den Mormonen ein Ort bereit.[70] An den kommt jeder, der ein sündhaftes Leben geführt oder beim Totengericht keine Reue gezeigt hat.[71] Statt in den Himmel führt der nächste Schritt dann in die Hölle der Mormonen. Sie besteht aus einer endlos tiefen Grube, die der Teufel persönlich gegraben hat. Wenn man ihm begegnet, bringt man am besten seine Bewunderung dafür zum Ausdruck – darüber freut sich jeder. Der Bau der Hölle ist eine oft unterschätzte, tiefbautechnische Meisterleistung von einem, der sonst nur im Ruf steht, ein furchtbares Ungeheuer zu sein – ein Ungeheuer, das allerdings auch eine Menge Freunde hat.[72] Und viele Angestellte. Heute helfen dem Teufel bei seiner Arbeit eine Menge anderer Wesen; den Kontakt mit ihnen sollte man besser meiden, sie sind alle sehr schmutzig. Nehmen Sie für alle Fälle Sagrotan, Handwaschpaste und ein paar Haushaltsrollen mit.

Der Alltag in der Hölle sieht so aus: Besonders böse Menschen, die nach dem Tod nicht in die Unterwelt, sondern gleich hierhin gekommen sind, kennen das bereits: Hier muss man in einen mit Schwefel gefüllten See, in dem exklusiv für einen ein Feuer angezündet worden ist, springen, eintauchen oder hineinwaten. Seine hohen Flammen brennen ewig und sorgen selbstverständlich für entsprechend große Qualen (2. Nephi 9:16). Wenn sich Gott nicht erbarmt – und das tut er nur, wenn man ein Heiliger und aus Versehen, Zufall o. Ä. hier gelandet ist[73] –, führt das Feuer zur pausenlosen Folter schlechter Menschen, die sich immer weiter fortsetzt.[74] Auch ein feuerfestes Totenhemd aus Asbest lohnt sich hier, wird aber schwer aufzutreiben sein (und teuer!).

Land und Leute

Die beliebte, aber ziemlich ans Geld gehende Vielehe, durch die die Kirche Jesu Christi der Heiligen der Letzten Tage – so nennen sich die Mormonen – berühmt geworden ist, ist seit 1890 nicht mehr üblich, aber im Prinzip immer noch erlaubt.

Promi-Wahrscheinlichkeit

Geht so. Natürlich sind die meisten Amerikaner. Außer John Moses Browning, der die gleichnamige Waffe erfand, trifft man an Bekannten hier eigentlich nur noch die zweifelhaften Revolverhelden Butch Cassidy und »Wild Bill« Hickman an.

FAZIT
Das mit all seinen alten Verwandten, die man im Jenseits trifft, mag nicht jedem schmecken, aber die sind jetzt alle wirklich ganz nett.

★★

Empfehlenswert mit Einschränkungen

Der Hinduismus

DIE ORDNUNG DER DINGE

DAS ERLEBT MAN HIER
Man verliert das Bewusstsein, dann wird man wiedergeboren.
EIGENWERBUNG
»Seit 3508 Jahren bestens bewährt«

Einführung

Fast eine Milliarde Menschen sind heute Hindus, aber dennoch ist das Ganze kein seelenloser Massenbetrieb geworden. Im Gegenteil, die meisten sind total relaxt und gehen sehr lieb und respektvoll miteinander um. Die Kathedrale dieser Religion ist ein Riesending, in dem überall unsichtbare Wesen leben und Platz für alles ist, für die Verehrung der Natur, für Monotheimus, Polytheismus und Usw.-Ismus. Seit mehr als 3500 Jahren, als das Ganze noch Brahmanismus hieß und als heilige Schriften auswendig gelernt und der nächsten Generation eingetrichtert wurden,[75] stellt man sich hier, zwischen dem Himalaya und Goa, bei schönem Wetter, ohne Wintermantel und nur mit begrenzten Karrierechancen[76] vor allem eine Frage: Hilfe, wo bin ich? Und wer bin ich eigentlich, warum bin ich ausgerechnet so, und wie real ist das Reale? Um eine Antwort zu finden, erlaubt es einem die Tradition, sich spätestens im Alter von der Welt zurückzuziehen und in sich zu gehen. Wer das schon vorher will, kann bereits in jungen Jahren ein je nach Fähigkeiten heiliges Leben als Sadhu führen.[77] Mit etwas Glück dringt er in unbeschreibliche Bereiche der Meditation vor und kann alles erforschen.
Und das hat man herausgefunden: Es gibt ein Wesen, das unvergänglich ist und alles erschaffen hat. Seitdem ist es in allem,

was lebt. Auch wenn man es nicht richtig beschreiben kann, kann man es überall in Teilaspekten erkennen. Sein Name ist Brahman.[78] Dieses Brahman sorgt dafür, dass im Kosmos kein Durcheinander herrscht. Für alles außer ihm selbst gibt es Regeln,[79] und die wichtigste lautet: Alles, vom Atom bis zum Sonnensystem, verändert sich ständig und steckt in einem Kreislauf aus Entstehen und Vergehen.[80] Und jedes Lebewesen hat seit undenklichen Zeiten eine unsterbliche Seele, das Atman, aus feinstofflicher Substanz.

Karma

Hier taucht zum ersten Mal der wichtige Begriff Karma auf. Karma (Sanskrit) bedeutet »Taten« oder »Handlungen«, womit auch Worte und Gedanken gemeint sind. Karma meint, dass alles, was man tut, in der Seele einen Eindruck hinterlässt und das Leben eine Energieform ist, die nicht zerstört werden kann.[81] Und die bringt einen bis in alle Ewigkeit zur Wiedergeburt. Es gibt gutes und schlechtes Karma. Das gute lässt einen in einem der nächsten Leben Gutes erleben, während schlechtes Karma für Ergebnisse sorgt, die als negativ erfahren werden. Ein Mensch stirbt mit normalem Karma und erlebt eine Wiedergeburt als Hund, dann als unglücklicher Geist, dann als Stier, der geschlachtet wird, dann in einer Hölle, dann als Goldfisch, dann aufgrund alten guten Karmas als intelligentes Lebewesen auf Beteigeuze 3, danach als Mensch, dann als sterbliche, für uns unsichtbare Lebensform (deva), dann wieder als Mensch – oder auch nicht. Gut und gerne neunzig Prozent aller Menschen, die wiedergeboren werden, kommen in düstere Gegenden. Die Wiedergeburt als Mensch ist sehr selten.

Achtung, Blackout! Ans letzte Leben kann man sich fast nie erinnern, weil die gesamte Festplatte des Menschen gelöscht wird! Unaufhaltsam rast die Seele auf ein neues Leben zu, vom Karma angetrieben, und von den Gedanken, Taten und Worten des letzten Lebens wie eine Cruise Missile gesteuert. Durch sie wird man posthum befördert oder herabgestuft. Nach dem Tod wird man hier Tier, Mensch oder unsichtbar.

Reisevorbereitung, Anreise und Ankunft

Als Mensch wiedergeboren zu werden, ist ideal – die Lebensform mit vielfältigen Möglichkeiten. Man hat ein weit entwickeltes Bewusstsein und erlebt damit Gutes und Schlechtes, und von hier aus kann man im nächsten Leben dann auch fast jede Existenzebene, vor allem höhere, erreichen. Und man kann es als Mensch sogar schaffen, sich aus dem ständigen Kreislauf der Wiedergeburt zu befreien!

So geht's: Einfach in diesem Leben noch gute Taten begehen, in heiligen Flüssen baden, an heiligen Orten meditieren. Sich von allem Materiellen lösen, ein asketisches Leben führen, das höchste Wesen lieben.[82] Erkennen, dass man selbst und alles um einen herum mit dem Brahman identisch ist.[83] Lernen, seine Wünsche und Abneigungen aufzugeben. Dann erzeugt man kein neues Karma mehr, löst sich von der weltlichen Wirklichkeit und ist den ganzen Kladderadatsch los. Im Moment des Todes geht man dann einfach in das Absolute ein und ist plötzlich paff! weg oder so; jedenfalls für die Anwesenden überhaupt nicht mehr sicht- oder auch nur ansatzweise beschreib- oder nachvollziehbar.

Das ist Moksha, die Erlösung im Hinduismus, von der man berichtet: »So wie sich ein Salzklumpen im Wasser auflöst, so die Seele im Brahman, und so wie die Flüsse ins Meer übergehen, geht auch die Seele ins Göttliche ein.«[84] Der Ort, wo das geschieht, ist der Svarga-Himmel, und man kann ihn auch Paradies nennen; der Hinduismus ist sehr tolerant.

Einmal umsteigen ins Hundeleben

Als Tier wird wiedergeboren, wer nach dem Tod ein nicht so tolles Karma hat. Die Seele belebt dann den Körper eines Insekts, eines Reptils, Vogels, Vierfüßers, einer Auster usw. und bleibt bis zum Schluss hier drin.[85] Als Tier ist man nicht besonders gut drauf. Aber davon abgesehen hat man als Tier gute Karten: Man ist ein Mitgeschöpf, das nicht getötet oder verletzt werden darf, weil das zu schlechtem Karma führt. Um indische Moslems muss man einen Bogen machen; einige von ihnen sind Metzger und können schnell und gut mit Messern umgehen.[86]

Einmal umsteigen ins Unsichtbare

Eine Stufe darunter liegt das Reich der Geister, in dem man sich ebenfalls spontan, ohne vorhergegangenen Zeugungsakt, manifestiert. Plupp!, schon ist man da und nun als Geist total vereinsamt, als Gespenst unglücklich oder als dämonische Lebensform negativ und schlecht drauf. So lebt man lange vor sich hin, um zu verblassen und dann erneut wiedergeboren zu werden.

Ganz unten

Das Karma kann eine Seele auch in Tiefen des Daseins spülen, die noch weit darunter stehen.[87] Überlebende berichten von bis zu einundzwanzig Höllen, in denen man entsprechend seiner Taten so lange gequält wird, bis die endlich abgesühnt sind und man (seufz) wiedergeboren wird – hier[88] oder auf einer darüberliegenden Ebene.

Sitten und Gebräuche

Mit gutem Karma manifestiert man sich einfach so in tollen, überweltlichen Gefilden. Hier hat man ein höheres Bewusstsein und nimmt damit Leichtigkeit, Licht und wundervolle Dinge wahr. Sie spielen hier die Hauptrolle, denn wer hier wiedergeboren wird, führt ein Tausende von Jahren langes, glückliches Leben. Hier leben sie, die mächtigen Wesen wie Brahma, der im

Schaufenster von Indienrestaurants auf der Weltkugel tanzende Shiva und Vishnu, der einen Dreizack trägt, all das natürlich nur symbolisch. Viele von ihnen haben sich bereits mehrmals auf der Erde gezeigt und ihren Bewohnern als Lichtgestalt Lehren übermittelt; seitdem werden sie mit schwärmerischer Liebe und Hingabe (Bhakti) verehrt.[89] Bei Hindus und Buddhisten erhält man durch gutes Karma gelegentlich auch fliegende Paläste, die »Vimana« heißen. Erich von Däniken, der Erfinder der Prähistorischen Astronautik, erkennt sie in seinen Büchern als Raumschiffe. Das ist Quatsch, denn die Vimanas sind etwas völlig anderes. Dort gibt es Musiker, Diener, Partygäste, Sänger, Tänzerinnen, gutes Essen, große Freude und so weiter. Außerdem sind Vimanas normalerweise für Menschen nicht sichtbar.

Land und Leute

Wir leben in einem Weltzeitalter, das wie jedes Weltzeitalter die Eigenschaft hat, einmal zu Ende zu gehen. Auch im Jenseits der Hindus wird das der Fall sein, allerdings erst in ferner Zukunft.[90] Danach geht alles dann wieder von vorn los. Das sollte man sich nicht entgehen lassen.

Promi-Wahrscheinlichkeit

Sehr hoch. Von Mahatma über Indira Gandhi und Bollywood-Stars bis hin zu George Harrison. Vom Ersten ist zu erwarten, dass er in einem Himmel wiedergeboren wurde, bei Indira Gandhi kann man getrost anderer Meinung sein. Und Schauspieler, die die Wirklichkeit falsch wiedergeben und so zur allgemeinen Verwirrung beitragen, haben bei der Wiedergeburt übrigens generell schlechte Karten.

FAZIT

Der Top-Favorit unter den farbenfrohen Religionen. Das mit dem Karma und den Kasten muss man akzeptieren; wenn es die Leute froh macht, ist das schon okay. Ansonsten kann hier jeder glauben, was er will, solange er sich ans Gesetz hält.

✪✪✪

Empfehlenswert

Die Sumerer

UND VOR UNS DIE SINTFLUT

DAS ERLEBT MAN HIER
Man kommt in eine eklige Umgebung.
EIGENWERBUNG
»Seit 5208 Jahren rund um die Uhr geöffnet – günstige Familien-Angebote!«

Einführung

Die Sumerer schreiben alles mit einem Holzgriffel auf weiche Tontafeln – und zwar in Keilschrift. Vorsicht bei der Aussprache! Nicht Sächseln! Keilschrift heißt nicht Geilschrift!
3200 bis 1700 vor dem Jahre Null steht im Zweistromland, zwischen Euphrat und Tigris, eine gewaltige Hochkultur. »Sumer« heißt »Kulturland«, aber was die Archäologen finden, sind im 19. Jahrhundert erst mal nur Schutt, Felsen, Steine. Und viele kleine Tontafeln, die mit rätselhaften Haken und Ösen bedruckt sind. 1835 wird die Keilschrift entziffert. So findet man das Gilgamesch-Epos aus dem Jahr 2740 vor Christus.
Die Forscher staunen nicht schlecht: Auch in ihm wird eine Sintflut erwähnt, eine Art Noah taucht mit seiner Arche auch darin auf, der hier aber Utnapischtim heißt – er und seine Frau haben als Einzige die Überschwemmung überlebt.[91] Und dann wird auch noch von einer Gruppe unsichtbarer, ewig lebender Wesen berichtet, die hoch über dem Menschen stehen und ihn und alles zusammen erschaffen haben.

Ein wilder Haufen

Enki, Herr der Erde, gibt seinen Anhängern Weisheit und Kraft. Oft gibt er auch die Macht der Magie. Er hat die Ursprache der Menschen verwirrt (schlimme Sache), und das Ende eines Goldenen Zeitalters geht auch auf seine Kappe.

Anu ist als Wesen für die Sonne zuständig.

Inanna heißt die Königin des Himmels.

Beide wohnen in einem Paradies, in das keine andere Lebensform hinein darf, und werden durch das, was sie essen und trinken, unsterblich. Wenn jemand anderes von ihren Speisen kostet, stirbt er. Nicht ausprobieren!

Darunter stehen die Menschen. Für sie haben die Götter den Tod eingerichtet. Sie müssen darum schon im Diesseits dafür sorgen, dass sie ordentlich betrauert werden und viele Nachkommen haben, die immer viel opfern. Nur dann kommt man nach dem Tod in die bestmögliche Situation. Das Motto auf Erden lautet: »Mach dir jeden Tag ein Freudenfest, iss, trink, füll deinen Leib und freu dich Tag und Nacht!«

Ankunft

Hier ist das Jenseits ein unterirdisches, also schlecht beleuchtetes Reich. Alle, die sterben, kommen hinein. Jede Seele wird hier zu einem Schatten oder wesenlosem Geist. Genießen ist im Jenseits Fehlanzeige, es gibt eine Null-Sterne-Küche (Brot und Wasser, das einem geopfert wird) und nicht besonders schmackhafte Mahlzeiten aus Ungeziefer. Wer hier nicht als pingelig gelten will, muss einfach pausenlos nirgendwo genau hinschauen.

Land und Leute

Kinderreiche Verstorbene werden bevorzugt behandelt. Richter oder hohe Beamte sind nach wie vor wichtig. Kinderlose Frauen werden gequält. Männliche Jungfrauen werden diskriminiert. Alle sind nackt, riechen schlecht und leiden unter einer panischen Angst vor Stöcken. Viele wandern unstet herum, weil sie kein richtiges (sumerisches) Begräbnis bekommen haben. Ausruhen dürfen sich nur Kinder, die früh gestorben sind. Im Jenseits herrscht zudem Mangel an Waschgelegenheiten. Allzu genau nimmt man es nicht mit der Hygiene, und empfindliche Nasen müssen sich in dieser Hinsicht erst noch was einfallen lassen. Vielleicht hilft Parfüm?

Promi-Wahrscheinlichkeit

Sehr gering. Das alles liegt ja lange zurück, und die Namen prominenter Mesopotamier locken heute keinen mehr so richtig hinter dem Ofen hervor.

FAZIT

Hier fühlt man sich stark an das Leben im Büro, hinter der Supermarktkasse oder einen Kiez der schlimmsten Sorte erinnert. Dazu kommen Dreck, Schmutz und Unrat in einer schlimmen Atmosphäre, in der einzig und allein die gute alte Tradition des Faustrechts regiert.

✪

Nicht zu empfehlen

Die Eskimos

DAS ERLEBT MAN HIER
Man schwirrt als Geist aus Licht herum.
EIGENWERBUNG
»Ein Heidenspaß seit 2000 Jahren«

Einführung

In Nordkanada, Alaska und auf der Insel Grönland wohnen seit ein paar tausend Jahren Eskimos. Der Name wird ihrer Kultur etwa so gerecht wie der Begriff Spaghettifresser für Italiener, aber was soll's. Als Eskimo, »die rohes Fleisch essen«, werden sie sonst nur von den benachbarten Cree-Indianern bezeichnet. Sie selbst nennen sich Inuit, das heißt »Menschen«. Inuit stammt aus der Eskimo-Sprache Inukitut; ein Mensch ist Inuk, zwei sind Inuuk. Am nördlichen Ende der Erde sind die Menschen als Spezies so selten, dass ihre Kinder, kaum dass sie geboren sind, einander versprochen werden. Man lebt nomadisch, meistens jedenfalls. Ohne großes Brimborium finden dort Hochzeiten statt.
Vorsicht, Reisende im Diesseits: Man hat von Fällen gehört, in denen Besuchern in einer besonderen Form der Gastfreundschaft die Frau des Hauses mit ins Bett gegeben wurde.

TIPP Erst angucken, dann entscheiden. Ansonsten ist man unkompliziert und hält sich nur dann draußen auf, wenn's sein muss.

Und das machen sie den ganzen, lieben langen Tag: Löcher ins Eis hacken und angeln, auf Kajaks um die Scholle fahren, aus selbst erlegten Robben- oder Karibufellen mit dicken Nadeln kuschelige Anoraks nähen. Mit klammen Fingern Masken anfertigen, mit einem Messer aus dem Stoßzahn eines Walrosses Tierfiguren schnitzen, steif gefrorenen Fisch essen, meilenweit durch den Schnee schlurfen, im Kreise der Familie um ein Feuer hocken, mal einen über den Durst trinken, jungen Leuten beibringen, wie man auf die Jagd geht, und und und ...

Reisevorbereitung

Verstorbene werden in Felle oder Wolldecken gehüllt und möglichst weit entfernt auf dem gefrorenen Boden abgelegt. Ihr Gesicht blickt zum Himmel. Dann werden sie mit Stein bedeckt, damit die wilden Eisbären und die Wölfe nicht am Körper herumnagen können.

Anreise und Ankunft

Wenn ein Mensch aus seinem Leben scheidet, trennt sich seine Seele von seinem Körper. Sie geht ins Geisterreich ein und macht sich als Polarlicht bemerkbar. Wenn sich ein Inuit vor ihnen fürchtet, kann er sie durch Pfeifen vertreiben, aber sonst sind Polarlichter ganz harmlos.

Rückreise

Verstorbene können aus dem Geisterreich zurückkommen, wenn man ein neugeborenes Kind nach ihnen benennt. In diesem Fall kann man im Geisterreich schon mal allen anderen tschüss sagen und seine Sachen packen. Feiern Sie Ihre erneute Geburt als Mensch mit einem zünftigen Fest oder basteln Sie zum Abschied etwas Nettes für die Geister, die Sie gern haben.

Land und Leute

Siehe oben.

Promi-Wahrscheinlichkeit

Gleich null. Und was noch schlimmer ist: Hier sind Sprachkenntnisse dringend erforderlich!

FAZIT

Wer man nach dem Tod nicht allein sein will, hängt man hier sicher immer in der Nähe seiner Familie herum. Hört sich sehr langweilig an.

★

Nicht zu empfehlen

Die Bahai'i

DAS ERLEBT MAN HIER
Man ist ein Geist, kommt zu Gott und wird glücklich.
EIGENWERBUNG
»Seit 1863 für jeden geöffnet«

Einführung

Das Jenseits der Bahai'i meint es mit allen gut. Trotzdem ist diese Religion in einigen orientalischen Ländern verfolgt worden, dabei fängt ihre Geschichte erst relativ spät an:

Der erste Bahai'i lebt in Persien, das damit den Wanderpokal für das Land erhält, das die meisten Religionen hervorgebracht hat. Im Süden in der Stadt Shiraz wird ein Mann von seinen Bekannten »Bab« genannt, das heißt auf Arabisch das »Tor«. Mit 25 Jahren erzählt Bab seiner Umwelt, dass er ein Gesandter des Allmächtigen ist und einen Auftrag hat. Seine Mission: alle auf das baldige Erscheinen eines Messias vorzubereiten, der nach ihm kommt. Sechs Jahre lang glaubt ihm niemand. Er ist Anfeindungen und Verfolgungen ausgesetzt und wird schließlich öffentlich hingerichtet. Auch einige Anhänger werden gefangen genommen, unter ihnen ein Mann namens Baha'u'llah (arabisch für »Herrlichkeit Gottes«). Er lebt von 1817 bis 1892, wird aus Persien verbannt und flieht nach Bagdad. In der irakischen Metropole erklärt er 1863, wer er wirklich ist: Der versprochene Offenbarer.

Seine Botschaft beruht auf ausgesprochen friedlichen und menschenfreundlichen Grundlagen und ist darüber hinaus noch gut geschrieben und formuliert. Sie sagt: Liebe kann man nicht beschreiben, aber es gibt ein höheres und machtvolles Wesen, das nicht nur diese, sondern Abermillionen von Welten erschaffen hat. Diese überirdische Lebensform kümmert sich auch um die Erde und schickt ihren Bewohnern immer Propheten, Religionsstifter und religiöse Erzieher vorbei, die alle von ihr erzählen.

Die Grundsätze der Bahai'i lauten: Alle großen Religionen (Judentum, Christentum, Islam) stammen aus derselben Quelle und sind Zeugnisse der Wahrheit. Sie bilden eine Einheit, genau wie alle Menschen. Die Bahai'i streben eine große Umarmung an, und ihre weltlichen Ziele klingen, als wären sie Teile der Verfassung eines vereinigten Planeten: Jede Religion muss mit Wissenschaft und Vernunft übereinstimmen und die Ursache der Eintracht bilden. Männer und Frauen haben gleiche Rechte. Erziehung und Bildung für alle, auch in geistiger und ethischer Hinsicht. Ablegung aller Vorurteile, Schaffung einer Welthilfssprache, einer Einheitsschrift und eines Weltschiedsgerichtshofs, Lösung der sozialen Fragen, Verwirklichung des Weltfriedens.

Aber wahres Glück im Jenseits erhält man nur, indem man im Leben das höchste Wesen liebt, es anbetet und sich auch nicht groß an die Welt bindet, sondern lieber die Loslösung davon sucht. Also echt cool!

Reisevorbereitung

Beim letzten Atemzug wird sich die Seele eines jeden Menschen bewusst, was sie an Gutem getan hat. Ein tolles Gefühl, sie fühlt sich von Fesseln befreit, und ihr ist völlig klar, dass das Leben weitergeht und sich jetzt alles nur um ihre Weiterentwicklung dreht.

Der Mensch ist, wie sein Schöpfer, unsterblich, aber er steckt als Geist in einem Körper wie ein Vogel in seinem Käfig. Wenn er schläft, kann sich die Seele frei bewegen, und wenn der Käfig einmal zerbrochen sein wird, lebt sein Geist weiter. »Seine Empfindungen werden sogar tiefer, seine Wahrnehmungen weiter und sein Glück größer sein«, berichtet der Gelehrte Abdu'l-Bahá.

Anreise und Ankunft

Dann trennt sich die Seele vom Körper und verlässt ihn für immer. Sie nimmt auf ihren Weg eine kostbare Fracht mit: ihren Wertevorrat an guten Taten. Er wird zusammen mit der Seele in die nächste Welt gebracht. Und alles wird gut. Denn die nächste ist eine Welt der Liebe, in der die ganze Herrlichkeit der höchsten Lebensform mit all ihrer Kraft strahlt. Alles wird von ihr vereinnahmt und hat für immer damit genug zu tun. Jede Seele geht in ihrer wahren Natur, dem Leben des Geistes, auf und bleibt für immer hier, wo es unbeschreiblich schön oder jedenfalls unbeschreiblich in jedem Sinne des Wortes ist. Niemand kann genau sagen, wie es hier genau sein wird, weil man sich das nicht vorstellen kann.

Land und Leute

»Das Jenseits ist so verschieden vom Diesseits wie diese Welt von der des Kindes, das noch im Mutterleib ist. Wisse, dass die Seele des Menschen über alle Gebrechlichkeit des Leibes und des Verstandes erhaben und davon unabhängig ist ... Ein solches Leben kennt keinen Tod, sondern ist unsterblich.« (Bahá'u'lláh) Also einfach mal überraschen lassen.

Promi-Wahrscheinlichkeit

Einigermaßen. Man weiß eigentlich nur von Jazz-Tröter Dizzie Gillespie und US-Schauspielerin Carole Lombard.

FAZIT

Voller Poesie und Gefühl, die ganze Welt zu umarmen, ist hier ein recht neues Jenseits entstanden, das durchaus seine Reize hat. Voll gut!

✪✪✪
Empfehlenswert

Der Manichäismus

LICHT INS DUNKEL

DAS ERLEBT MAN HIER
Man wird unangenehm oft wiedergeboren.
EIGENWERBUNG
»Seit 1793 Jahren geöffnet – und noch immer beliebt!«

Einführung

215 nach Christus: Die Welt ist schlecht. Im Manichäismus liegen die Wurzeln der Katharer, deren tragisches Schicksal bereits bekannt ist. Wer angesichts des Zustands unserer Welt immer das Schlechte sieht oder den Verdacht hat, dass irgendetwas nicht damit in Ordnung ist, findet auch hier die passende Erklärung dafür. Am Anfang erschafft ein höheres, unbeschreibliches, gutes und lichtvolles Wesen andere Lebensformen, die so sind wie es selbst. Aber hoppla, dabei entsteht auch eine Entität, die ihr genaues Gegenteil darstellt; sie ist nämlich absolut böse, voll Hass und mit dem Willen, die Welt ihres Schöpfers zu erobern, ausgestattet. Böse Geister entstehen. Es kommt zum Kampf. Licht und Dunkelheit vermengen sich, und so kommt dann die Erde zur Welt.

Ein Mann namens Mani lebt von 215 bis 276 A.D. in Persien. Schon mit zwölf erscheint ihm eine höhere Lebensform (der Engel El Tawan) und weist ihn darauf hin, dass er dort noch was Wichtiges zu tun hat. Mani gehorcht und beginnt mit 24 Jahren, seine Lehren zu verbreiten.

Der Schöpfer der Welt ist hier zwar ein höheres Wesen, aber sehr böse und allen bekannt. Es ist, gut festhalten, der gute, alte Jahwe aus dem Alten Testament! Seine Geschöpfe, die Menschen, hält er in einem tiefen Schlaf gefangen. Sie leben, von unstillbaren Begierden getrieben, in seinem finsteren Kosmos wie Tiere. Eitel, wie er ist, lässt er sich dann auch noch dafür anbeten.

Der damalige persische Machthaber ist anderer Meinung und lässt Mani häuten und kreuzigen, aber er kann nicht verhindern, dass sich der Manichäismus ausbreitet und Staatsreligion anderer Länder wird. Er bildet im Nahen Osten einen Gegenpol zum Christentum und macht dessen Missionaren das Leben schwer. Sogar Augustinus (Schriftsteller, Bestseller »Bekenntnisse«, Goldmann-Verlag) ist erst mal Manichäer, bevor er sich eines anderen besinnt und Kirchenvater wird.

Kleine Seele, strahle hell

Jedes Lebewesen ist ein Geschöpf des Bösen. Jeder hat einen materiellen, eher dem Negativen zugewandten Körper, aber auch eine Portion von der guten, positiven Lichtsubstanz, das ist seine Seele. Sie ist etwas sehr Schönes und Geheimnisvolles, eine Legierung aus Himmlischem und Irdischem, Geist und Materie, Licht und Schatten. Wenn ein Mensch stirbt, wird sie umgeschmolzen und wiedergeboren.

Anreise, Ankunft, Rückreise – Immer wieder Geburt!

Als Mensch oder Tier, wieder und immer wieder. Der Körper und die Wiedergeburt sind im Manichäismus eine Last und unrein. Witze darüber sind nicht erlaubt.

TIPP ➤ ### Ein Ausweg aus der Wiedergeburt
Jeder kann aus diesem Spiel raus, wenn er es schafft, den Lichtfunken in der Seele zu seinem Ursprung zurückzubringen. Aber der Preis dafür ist hoch: das Leben eines besitzlosen, vegetarischen Aske-

ten ohne Sinnesfreuden![92] Dann ernähren einen die anderen Manichäer, die verheiratet und wohlhabend sind, mit Früchten, die bei Verzehr Licht freisetzen. Am Ende dieser Prozedur und seines Lebens hat ein erfolgreicher Manichäer seine überweltlichen Lichtpartikel vollständig von der Finsternis befreit. Wenn er jetzt stirbt, steigt seine Seele ins Licht auf. Und eines Tages, ganz am Schluss, wenn dann das ganze Licht und Dunkel getrennt ist und das Böse endgültig besiegt, ist endlich ein Ende in Sicht. Die materielle Welt wird dann zu einem Klumpen zusammengeschmolzen.

Nur ganz schlechte Seelen werden nicht mehr wiedergeboren, sondern für immer in einen Abgrund gesperrt, der mit einem Steindeckel verschlossen wird. Mit all ihren Begierden werden sie hier mit anderen üblen, unsichtbaren Lebensformen zusammengequetscht und eingesperrt. Zusammen mit Dämonen kommen sie in die Unterwelt der Manichäer, dem Bolos.

Sitten und Gebräuche

Leckere Mettwurst, Fischstäbchen oder ein saftiges Steak kommen hier nicht auf den Tisch, weil das ja auch jemand Wiedergeborenes ist und man die damit verbundene, pausenlose Wiederkehr des Leidens verhindern will. Alkohol auch nicht. Schießen und Angeln sind tabu, ebenso generell das Töten von Lebewesen. Sex ist nichts Schmutziges, aber er fesselt durch Körper, Lust und Begierden an ein tierisches Stadium, und außerdem werden dabei Licht und Finsternis immer weiter vermischt – und das kann ja nicht gut sein.

Land und Leute

Ein Steindeckel klingt nicht nach einer wirksamen Sperre für Bösewichte. Wenn Sie auf einen stoßen, versuchen Sie, irgendwo Sprengstoff aufzutreiben und möglichst viele von Ihren Kumpanen in die Freiheit zu führen. Schließen Sie Freundschaften und beweisen Sie Ihre Führungsqualitäten, ohne sich auf einen Kampf einzulassen. Stellen Sie ein Kletterteam zusammen und lassen im Notfall Bohrer aus Steinen bauen. Mal sehen, was danach passiert. Falls es nicht klappt, hat man sich nach ein paar Wochen im Bolos an alles gewöhnt.

Promi-Wahrscheinlichkeit

Winzig. Das Jenseits der Manichäer ist, ob man's will oder nicht, seit vielen Jahren nicht mehr richtig »in«. Kein Wunder.

FAZIT
Die schönen Seiten des Lebens spielen im Jenseits der Manichäer kaum eine Rolle. Ansonsten: Nette, aber wahrscheinlich nur sehr schwerverständliche Show.

✪

Nicht zu empfehlen

Der Taoismus

DAS ERLEBT MAN HIER
Man kommt in ein Paradies oder eine Unterwelt.
EIGENWERBUNG
»Geöffnet seit 500 vor Christus und noch immer einfach so da«

Einführung

Taoismus heißt »die Lehre des Wegs«. Gründung des Unternehmens: Sechshundert vor Christus im alten China. Ein Mann namens Laotse, der schon zu Lebzeiten als weise gilt, bringt auf irgendeine heute unbekannte Weise ein Buch heraus – das Tao Te King, das Buch vom Weg und der wahren Tugend. Es wird als sein Hauptwerk noch mal weltberühmt und wahnsinnig beliebt werden. In ihm ist vom »Tao« die Rede, das bedeutet Pfad, Methode, Prinzip und vor allem eines – der richtige Weg. Also ein Prinzip, das die Welt hervorgebracht hat und steuert. Es ist die höchste Wirklichkeit, das Absolute und die Einheit, die am Anfang geherrscht hat und aus der nach und nach alle anderen Dinge, der Kosmos und auch seine Ordnung hervorgegangen sind.[93] Im Tao sind alle Gegensätze vereinigt. Es ist der Urgrund allen Seins. Das war's, mehr kann man darüber nicht sagen, weil es sich jeder Beschreibung entzieht.[94] Die Harmonie der Gegensätze ist Ying und Yang. Die Harmonie mit dem Tao gilt es zu erreichen, dann wird sich alles auf eine ganz natürliche Weise regeln, man muss es nur zulassen. Wu Wei, sagt der Taoismus, das Nicht-Eingreifen oder Nicht-Handeln, ist die Kunst des Nichtstuns.
Taoisten-Meister sind zu ihren Lebzeiten dafür bekannt, dass sie an nichts festhalten. Sie haben alle Wünsche und Begierden ab-

gelegt und alle Gegensätze angenommen und vereinigt und so eine enorme innere Leere erreicht. Wunschlos glücklich widmen sie sich dann der Geisteskultivierung. Dabei haben sie die Ruhe weg und wissen: Es ist nicht gut, in die Dinge einzugreifen, aber gut, den Atem zu kontrollieren.

Jedenfalls setzt man dabei etwas frei, von dem vor ein paar Jahren noch keiner im Westen etwas gehört hat, eine geheimnisvolle Kraft, die Lebensenergie »Qi«. Sie hat es ganz schön in sich und steckt überall drin – im Essen, jedem Menschen, in der Ausstrahlung, den Kampfkünsten, der Akupunktur und sogar in der Wohnung. Auch die westliche Weisheit lehrt heute: Das Qi muss fließen können, damit Feng-Shui-mäßig alles okay ist und kein schlechter Einfluss kommt.

Reisevorbereitung

Die Suche nach Unsterblichkeit ist ein zentrales Thema des Taoismus. Dieser Zustand ist darum so begehrenswert, weil er von einem großen Glück begleitet ist. Die Welt der Unsterblichen, der Xian, ist nicht vom Wandel, pausenloser Veränderung und Vergänglichkeit geprägt, sondern viel besser. Unsterbliche können sogar zu Göttern werden wie Yuanshi tianzun (der Himmelsehrwürdige des Uranfangs), Lingbao tianzun (der des magischen Juwels) und Taishang Laojun (der Himmelsehrwürdige des Tao und des Te).

Anreise und Ankunft

Wenn ein Mensch stirbt, kommt es auf sein Leben an und er entweder ins Paradies – das liegt im Westen – oder in andere Gefilde der Seligkeit, zum Beispiel auf die mystischen Inseln, die man »Penglai« nennt. Hier lebt er, und hier wächst auch eine Pflanze, die etwas ganz Besonderes kann: Sie macht einen endlich unsterblich. Wenn sie oder das Produkt, das aus ihr gewonnen wird, nicht besonders gut schmeckt, bedeutet das gar nichts – auf ihre Wirkung kommt es an, und Geschmack kann man ja immer verbessern. Basteln Sie sich einfach einen Pfeffer-und-Salz-Streuer aus Pappe.

Wer ein schlechtes Leben verbracht hat, findet sich in einer Unterwelt wieder und kriegt's richtig dicke. Alle Taten, die er begangen hat, kommen dann zu ihm zurück.

Land und Leute

Vorsicht im Himmel der Unsterblichen – alle Aufschriften sind wahrscheinlich auf Chinesisch. Ansonsten relaxte Typen, die alle gut loslassen können.

Promi-Wahrscheinlichkeit

Interessant. Kampfkünstler Bruce Lee treibt sich hier ebenso rum wie Science-Fiction-Autorin Ursula K. Le Guin (angekündigt). Von prominenten Taoisten wie Laotse usw. ganz zu schweigen.

FAZIT

Ewiges Leben – wie das geht, haben die Leute hier raus. Kein Wunder, dass Taoismus viel mit Essen und Wundern der Natur zu tun hat. Kann man sich dran gewöhnen.

✪✪✪

Empfehlenswert

Die Jedi-Ritter (Filmreligion)

DAS ERLEBT MAN HIER
Man wird ein Geist wie im Film.
EIGENWERBUNG
»Erste irdische Mission 1977, seitdem geöffnet«

Einführung

Vor langer Zeit in unserer Galaxis: Zu den Religionen, die in den Tiefen des Weltalls entstanden sind, zählt auch das Jeditum. Von ihm hört man zum ersten Mal 1977 etwas im Kinofilm »Star Wars« von George Lucas. Die meisten halten die einfachen Geschichten, die dort in bewährter Hollywoodmanier erzählt werden, nur für Märchen, aber dennoch geht von ihnen ein spürbarer Einfluss aus: 2001 hat das Jeditum in Neuseeland 70 509 Anhänger, wenn auch angeblich nur aus Scherz, um gegen eine Meinungsumfrage der Regierung zur Religion zu protestieren. Und wenn doch mehr dahintersteckt?

Fassen wir das alles einmal zusammen: Wir leben in einem Universum, das gewaltig groß ist. Menschen sind darin nur eine von sehr vielen Lebensformen, aber die meisten davon sehen so aus wie wir. Alles ist durchdrungen von einer unsichtbaren Kraft, die man die Macht nennt. Diese Macht heißt auf Englisch force. Die Macht ist ganz prima. Sie verbindet alles Leben und auch das Unbelebte miteinander. Sie ist die treibende Energie hinter allem, was sich ereignet – und kann ihre positive oder auch ihre negative Seite zeigen. Man muss das nicht rational erklären. Früher haben viele daran geglaubt. Heute verhalten sich die Menschen meistens passiv und wissen gar nicht, dass es sie überhaupt gibt. Einzelpersonen, die diese Macht in sich tragen, sind wortkarge Gesellen und fast immer Männer. Wer eine Affinität dazu hat, muss sich bald zwischen der dunklen und der andern, der hellen Seite der Macht, entscheiden. Aber nach dem Tode landen alle im gleichen, positiven Jenseits.

Die Macht stattet einen Jedi praktisch mit übermenschlichen Fähigkeiten aus. Sie lässt ihn fliegen, durch Räume schweben und Schwerter oder andere Gegenstände bewegen, ohne sie anzufassen. Auf einem fremden Planeten hat er dann ein Gespür für Gefahr, meidet harte Getränke und trägt Kleidung, die von den japanischen Schwertkämpfern des Iaido übernommen worden ist. Aber der Jedi-Ritter kann nur begrenzt Liebschaften haben. Zu seinem Leidwesen wird die Fähigkeit zum Nutzen der Macht beim Geschlechtsverkehr weitergegeben. Um Komplikationen zu vermeiden, wird vom Heiraten abgeraten.

Anreise und Ankunft

Wenn ein Jedi stirbt, dann trennt sich sein Geist vom Leib, aber manchmal verschwindet auch die ganze Person mitsamt Materie und Geistigem. Nach einiger Zeit wird seine Seele dann wieder sichtbar und erscheint Hinterbliebenen. Sie sehen, dass er (seine Seele sieht so aus wie er, ist aber halb durchsichtig) keine Verletzungen und Wunden mehr hat, sondern sich des Lebens freut und wieder völlig hergestellt ist. Danach kann sich jeder durch Jedi-Übungen trainierte Mensch nochmals im Diesseits manifestieren. Mitunter sind dann auch weitere verstorbene Jedi-Ritter dabei. Alle befinden sich in vertrautem Verhältnis. Später kann man als Jedi immer mit Gleichgesinnten sprechen – auf einer überweltlichen Ebene des Daseins. Dass das so ist, können lebende Jedis wahrnehmen. Manchmal wird dabei sogar der schwebende Kopf des Verblichenen gesehen.

Land und Leute

Die Jedis sind nicht besonders redselig. Wahrscheinlich haben sich die berühmten Meister Obi Wan-Kenobi, Yoda und Darth Vader im Jenseits aber doch erst mal eine Ewigkeit lang so richtig ausgesprochen.

Promi-Wahrscheinlichkeit

Hoch, prozentual gesehen. Zwar gibt es nicht viele Jedi-Ritter, aber die es gibt, sind alle da. Aufpassen, dass man nicht über Yoda stolpert, der ist nur 66 Zentimeter hoch.

FAZIT

Eine eindimensionale Angelegenheit, bei der es auf ernstes Gucken, schnittige Gesten und Herumdrucksen mit der Macht ankommt. Vor allem das ständige Erzählen darüber, wo sie überall drin ist und was sie alles Tolles kann, nervt!

✪

Nicht zu empfehlen

Das Judentum

ERDE WIRD ERDE

DAS ERLEBT MAN HIER
Man kommt in eine Unterwelt und wartet.
EIGENWERBUNG
»Seit dem achten Tag geöffnet«

Einführung

Am Anfang, als es noch keine Zeitrechnung gibt, ist alles leer, und für den Fall, dass doch was da ist: Alles ist außerdem wüst. Bis ein höheres Wesen beschließt, diesen Zustand zu beenden. Seine Meisterleistung ist dann der Mensch. Ihn baut er aus Materie zusammen, und als er ihm seinen eigenen Atem einhaucht, entsteht aus der Verbindung von Körper und Geist eine einzelne Seele von der Art, wie sie jedermann hat:[95] Eine von vielen, ewig und unsichtbar.

Anreise

Wenn man stirbt, wird der Körper wieder ein Teil des Erdreichs.[96] Die Seele tritt dann in eine Unterwelt ein,[97] die als »das Unwahrnehmbare bezeichnet« wird; das ist die wörtliche Übertragung des griechischen Hades bzw. des hebräischen Scheol. Hier wartet sie erst mal sehr, sehr lange Zeit. Worüber man hier nachdenken kann, ist: Der Herr ist der Boss. Er »führt in das Unwahrnehmbare hinab und heraus«, er »tötet und macht lebendig« (1. Samuel 2:6). Eines Tages wird er die »Toten leben« und »die Leichen wieder aufstehen« lassen. Dann kauft er alle »aus dem Reich des

Todes« los (Psalm 49,16), damit jeder, »der in der Erde liegt«, erwacht und jubelt (Jesaja 26,19). So stimmt man sich auf das ein, was noch kommt.

Zwischenstopp – Totengericht

Auch ihm muss sich hier jeder kurz und schmerzlos unterziehen. »Er richtet den Erdkreis und die Nationen gerecht und nach seiner Treue« (Psalm 96,13) – und das war's dann. Im geistigen Sinne gereinigt, kommt man generalüberholt wieder raus.[98]

Ankunft – Leben im Paradies

Wer Prophet ist, kommt schon zu Lebzeiten hierhin. Mindestens zwei von ihnen, nämlich Hanok (Gen. 5,24) und Elijahu (2 Kön. 2,11) waren schon mal dort, wo andere erst Jahrhunderte später hindürfen.

Die Hölle

Wer kein gutes Leben geführt hat, kommt in die Hölle, in einen von drei tiefen, dunklen Hohlräumen. Seelen von Sündern oder Bösewichten werden gefesselt und nach Strich und Faden gequält, manchmal sogar in Chefbetreuung durch Satan persönlich, der im Judentum das personifizierte Böse ist, das alle Menschen in Versuchung bringt (1. Buch der Chronik 21,1). Vom Wort her ist Satan jemand, der Widerstand leistet oder anklagt (Sacharja 3,1). Und natürlich ist auch er von Gott geschaffen worden.

Sehenswürdigkeiten

Man wird in eine Herrlichkeit aufgenommen.[99] Man lebt in genau dem Paradies, aus dem die Menschen einst vertrieben wurden. Es hat mehrere Stufen,[100] und im obersten Teil hält sich das höchste Wesen auf. Von hier steigt es herab, um sich den Turm von Babel anzusehen, und ein paar Jahre später, um Moses mit Steintafeln mit Geboten zu beladen. Besonders interessant sind Schleusen und Tore, die man zwischen den oberen und unteren Gewässern sehen kann[101] – aus denen fällt Regen und manchmal auch Manna (himmlisches Essen), gelegentlch aber auch Pech, Feuer und Schwefel wie bei Sodom und Gomorrha.

TIPP

Spezialprogramm: Die Kabbala

Ihr Name bedeutet »Überlieferung, Übernahme, Weiterleitung«. Ihr wichtigstes Werk »Sohar, das Buch des Glanzes« entsteht 1290 in Spanien – lauter Auslegungen von Bibel und Thora und Spekulationen zu Zahlen und Buchstaben, in denen ein Symbol für das Fundament der Welt vermutet wird. 1884 schreibt Yehuda Leib Halevi Ashlag einen Kommentar dazu. Er findet seine Zeit zu egoistisch und möchte eine neue, spirituelle Entwicklung lostreten. In der Kabbala findet er ein System zum Begreifen der Existenz und Vollkommenheit. Als er ihre Lehren, die bis dahin geheim gehalten sind, in der jüdischen Szene von Warschau verbreitet, verleiht sie ihm den Ehrentitel »Der Meister der Leiter«.[102]

Der Anfang: Ein Wesen, das überall zu spüren ist, steht transzendent über allem. Im zweiten Schritt erschafft es etwas, das man sich nur abstrakt vorstellen kann: Ein allgemeines Verlangen danach, zu empfangen.

Im gleichen Stil geht es weiter, bis es heißt: Und dieses erste Verlangen, das ist er, der Mensch. Unter allen Menschen ist das Verlangen in viele kleine Teilchen geteilt worden. Jeder muss durch sein Leben »die Wurzeln seiner Seele« erreichen – höhere Welten –, und der Weg, der dahin führt, besteht aus 125 Stufen (»die Leiter«).

So kommt man hin: Über die gesamte Schöpfung positiv denken. Mit hohem spirituellem Niveau fängt man nach einiger Zeit an, in Charakter und Kräften dem Schöpfer zu ähneln. Wenn man stirbt, wird man mit ihm vereint und erlebt die wahre Erfüllung und das absolute Glück. Wer's nicht schafft, kehrt wieder in die Welt zurück. Mit Magie hat das nichts zu tun.[103]

Land und Leute

Im Jenseits sollte man nicht als Wahrsager, Geisterseher oder Totenbeschwörer auftreten. So was ist nämlich ein Greuel vor Gott (Deuteronomium 18,10–11) und kann unangenehme Folgen haben. Noch niemand, der das gemacht hat, ist zurückgekommen! Mit koscheren Speisen rechnen. Liebhaber von Schweineschnitzel, Blutwurst & Co. sollten das Gebiet meiden.

Promi-Wahrscheinlichkeit

Viele bedeutende Leute. Außer Ephraim Kishon, Heine und Kafka leben hier Persönlichkeiten wie Moses und David, Christoph Kolumbus und Rosa Luxemburg, urige Typen wie Albert Einstein und Zino Davidoff, Psycho-Guru Sigmund Freud und Swingercluberfinder Benny Goodman. Für die nächsten Jahre werden Woody Allen, Madonna, David Copperfield, Barbra Streisand, Sylvester Stallone und Steven Spielberg erwartet, sobald sie ihre weltlichen Aktivitäten beendet haben.

FAZIT

Geeignet für Leute mit Hang zum Unerklärlichen, zu Symbolik und Unergründlichem. Hier gibt es Späße aller Art bis zum Jüngsten Tag.

✪✪✪
Empfehlenswert

Voodoo

DER GEIST IM SUMPF

DAS ERLEBT MAN HIER
Man trifft einen weiblichen Geist und kommt vor Gericht.
EIGENWERBUNG
»Seit ca. 1580«

Einführung

Voodoo stammt aus Afrika. Im Westen des dicken, gemütlichen Kontinents haben ihn die Yoruba entwickelt, von dort kommt er nach Haiti usw. Auch im Voodoo gibt es, neben der Welt, eine unsichtbare Hemisphäre; sie heißt Orun. Sie und alle Ahnen, höheren Wesen, Helden, Kulturträger und Geister und zahlreiche Wesen, die Naturgewalten repräsentieren, wurden von einer Lebensform namens Oldumare erschaffen. Oldumare hat kein Geschlecht und sich längst von allem zurückgezogen. Aktiv sind nun die Götter, die zu diesem Zweck gemacht wurden – die Orisa.

Wenn man stirbt, geht jeder Mensch ins Reich der Ahnen über oder wird ein Geist. In beiden Fällen wird man unsichtbar, und auf gar keinen Fall wird man ein Zombie.

Zombies sind nicht tot, sie sehen nur so aus, und sie sind eindeutig dem Diesseits zugeordnet.[104]

Candomblé

Ist eine Voodoo-Form aus Brasilien und benachbarten Ländern. In ihr gibt es viele höhere Lebensformen, die nach oben hin immer astraler werden. Die höchste ist seit undenklichen Zeiten so erhaben, dass sie von Menschen nicht mehr begriffen oder angesprochen werden kann; das ist Olórun, der allmächtige Gott. Er hat seine Macht über die Welt an einen Nachfolger abgetreten, an seinen Sohn Oxalá, den Herrn des Friedens, zu dessen Ehren man in Bahia freitags immer helle Kleider trägt, weil seine Farbe das Weiß ist. Er hat alle höheren Wesen erschaffen, die seine Verbindung zur Menschenwelt aufrechterhalten. Durch deren Vermittlung kann man mit ihm und seinem Vater Kontakt aufnehmen. Der Rest der unsichtbaren Wesen ist auch hier stets geistförmig. Einige von ihnen bewirken Gutes und andere Schlechtes. Wenn sie aus Afrika stammen, kann man sie im Wind auf der Wasseroberfläche eines Sees oder im Laub der Bäume etc. wahrnehmen. Wenn sie aus Brasilien kommen, heißen sie Orixá. Orixá können in den Körper eines Menschen schlüpfen und ihn benutzen, um ihre Offenbarungen loszuwerden.

Damit man diesen und andere Effekte der natürlichen Umgebung unter Kontrolle halten kann, gibt es in dieser Religion Priester, die man Babalorixá nennt. Ihre Aufgabe ist es, jedem Menschen bei der Geburt einen Orixá als unsichtbaren Paten zuzuweisen, der ihn das ganze Leben über beschützt.

An der Spitze ihrer Kultstätten, den Terreiros, steht meistens eine Frau.[105] Sie opfert bei einem rituellen Fest im Sumpf erst eine Portion schwarze Hühner oder eine Ziege für die höheren Lebensformen, dann auch noch etwas für Exu, einen Boten zwischen den beiden Welten. Exu sorgt für harmonische Verbindung.

Danach kommen die Mädchen ins Spiel. Sie gelten als Töchter des Heiligen (Filhas do Santo). Es sind Girlies und Teenager, denen man zur Weihe die Haare abrasiert und die Stirn mit Hühner- oder Ziegenblut und Federn eingerieben hat. Sie tanzen wie wild zur Musik in afrikanischen Sprachen, ihre Trommeln rufen die Orixá, und die nehmen dann ihre Körper in Besitz.

Anreise und Ankunft

Nach dem Tod nimmt die Seele wahr, dass sich in ihrer Umgebung eine höhere Lebensform zu manifestieren beginnt – und dass sie deutlich sichtbar weiblich ist. Keine Panik, das ist nur Yansã, die Orixá des Windes. Auf irgendeine Weise schafft sie es, einem den weiteren Weg zu zeigen, der immer der richtige ist. Er führt nach Westen ins Totenreich.

TIPP Unbedingt einpacken: Gummihütchen und Sicherheitsschuhe mit nicht leitender Sohle. Alles im Jenseits ist von einer gewaltigen Energie besessen. Das ist Axé, die Lebenskraft, die auch in Pflanzen, Lebewesen, Steinen und Naturgewalten steckt. Das Jenseits ist von ihr geprägt. Andauernd finden Umwandlungen statt, Magie wabert durchs Ganze in großen Schwaden.

Dann ist man am Moment der Wahrheit angelangt. Jetzt beurteilt Xangô, eine höhere Lebensform, die Taten im vergangenen Leben. Xangô ist als Gott des Donners, des Blitzes und der Gerechtigkeit bekannt. Jetzt nur nichts falsch machen! Am besten verhält man sich passiv und lässt alles mit sich geschehen. Lügner und Übeltäter werden mit Blitzen bestraft. Auch das muss man aushalten. Danach geht es weiter.

Land und Leute

Die vielen Geister nehmen einander wahrscheinlich ständig wahr. Wichtig ist, dass man keinen verärgert. Im Notfall alles ganz intuitiv machen – so kommt man auch mit einer ungewollten oder zufälligen Verhexung klar. Ideal für Leute, die nichts gegen Hühner haben.

Promi-Wahrscheinlichkeit

Schwach. Durch Voodoo wird niemand berühmt, außer Papa Doc, der Ex-Staatschef von Haiti. Und nicht jeder, der wie ein Zombie aussieht, ist auch einer!

FAZIT

Ein Jenseits wie ein spannender Abenteuerurlaub mit plötzlichen Entladungen, neuen Bekanntschaften und Überraschungen! Vorsicht, hier hat man viel mit schwarzer Magie zu tun. Lieber nichts anfassen.

✪✪

Empfehlenswert mit Einschränkungen

Die alten Babylonier

DAS ERLEBT MAN HIER
Man kommt an einen Fluss – Bootsfahrt – eklige Umgebung.
EIGENWERBUNG
»Premium Unterwelt seit 1800 vor Christus«

Einführung

Die Babylonier haben ein eigenes Weltbild entwickelt. Nun ja, es ist nicht voll und ganz ihre eigene Errungenschaft, sondern beruht vor allem auf einer Modifizierung der Kosmogonie der Sumerer. Das meiste wird übernommen, ausgebaut, überholt, auf den Prüfstand gestellt und dann wieder eingebaut. Das Ergebnis sind mehrere Himmel oberhalb der Erde. Die Erdscheibe ruht in einem Salzmeer, der Himmel wird von einem Süßwasserozean, dem Apzu, getragen. Hier, im obersten Himmel, lebt eine überweltliche Lebensform. Ihr Name ist »Enki«. In der untersten Schublade des Himmels findet man unsere Sterne und unser Sonnensystem. Die ersten Menschen werden aus Lehm geschaffen, und den Verstand bekommen sie durch das Blut eines verstorbenen Geistwesens. Unsichtbare Wesen begleiten ihr Leben. Viele davon sind negative Typen. Zu ihnen gehört Rabisu, »der Lauerer«, ein Dämon, der ebenso unbeliebt ist wie Ardat lili ist, ein zu normalem Sex unfähiger Frauen-Dämon, der gern junge Männer angreift. Jemand namens Lamaschtu verursacht das Kindbettfieber, und im Allgemeinen werden sie und andere Dämonen nur vorbeigeschickt, wenn man gefrevelt hat und bestraft werden muss. Mit Hilfe anderer höherer Wesen kann man sich gegen die bösen wehren.

Anreise und Ankunft

Wenn ein Mensch stirbt, kommt seine Seele an ein Gewässer, das das Reich der Lebenden von dem der Verstorbenen trennt. Das ist der sagenumwobene Grenzfluss Chabur, der zwischen der Erde und dem darunterliegenden Jenseits entlangfließt. Opfergaben für Verstorbene können am diesseitigen Ufer abgelegt werden. Die Unterwelt der Babylonier heißt Kigalla, und in diesem Schattenreich regiert eine Frau, deren Augen aus Stein sind. Sie lebt in einem Palast aus Lapislazuli, überwacht alles, hat schwarze Haare und ist angenehmerweise nackt – die Göttin Ereschki-

Auf dem Fluss des Todes ist viel los, und hier gibt es auch leckere Opfer!

gal. Sie setzt regelmäßig mit einem Boot über den Fluss, um Opfer einzusammeln. Sprechen Sie sie wegen einer Gratisüberfahrt einfach mal an.

Ihr Mann Nergal – der Name bedeutet »Herr der Unterwelt« – ist in der sumerisch-akkadischen, babylonischen und assyrischen Religion für den Tod zuständig. Er gilt als Typ mit niedrigem Siedepunkt, denn er verkörpert die Hitze der Sonne. Nergal nennen die Babylonier auch den Planeten Mars.

Der Rest läuft wie bei den Sumerern ab.

Land und Leute

Den Umständen entsprechend geht es dort sehr rustikal zu.

Promi-Wahrscheinlichkeit

Lau. Die Superstars des alten Babylons sind ein alter Hut, ansonsten lebt man geduckt vor sich hin. Mit wenigen Highlights.

FAZIT

Einfach, herkömmlich und handgezimmert – das Jenseits der Babylonier und ihrer Frauen, den Babylonierinnen, ist nichts für verwöhnte Europäer. Auch das mit den Dämonen kommt nicht so gut. Sonst aber sehr interessant!

✪

Nicht empfehlenswert mit Einschränkungen

Die Azteken

DAS ERLEBT MAN HIER
Man begegnet farbenfrohen, fremdartigen Göttern.
EIGENWERBUNG
»Seit 1500 Jahren – 24-Stunden-Service – Eintritt frei!«

Einführung

Es gibt sie von 1300 bis 1521 unserer Zeit, und erledigt wird diese Religion durch den weißen Mann, Gold und die spanische Außenpolitik während der Renaissance. Schade, denn wenn die alten Azteken recht haben, dann wartet nach dem Tod auf jeden ein Himmel voll Licht.

Wie in jeder Religion erscheint hier auch mindestens eine höhere Lebensform als strahlendes Wesen. Es ist in diesem Fall die Sonne selbst.[106] Weitere Wesen haben den Mais, der als Hauptnahrungsmittel dient, und all das erschaffen, was den menschlichen Körper aufbaut.[107] Und der Rest wimmelt von Geistern. Geister bewohnen die Berggipfel und Felsblöcke, Quellen und Seen, Tempel, Gräber und vor allem die Huacas. Huacas nennt man heilige Orte, die in jeder präkolumbianischen Kultur bekannt sind. An einem Huaca kann man beten und Opfer darbringen, um höhere Wesen für sich zu gewinnen.

Wenn das aber in Krisen und Notzeiten nicht reicht, sind Menschenopfer dringend angezeigt. Nur einer, der Sapan Inka, darf sie bringen. Er ist übrigens der Herrscher und ein Nachkomme der Sonne. Nur er kann sie und den Lauf der Welt wieder ins rechte Lot rücken. Opfer sind oft Freiwillige, aber der Ritus funktioniert auch mit Gefangenen.

Anreise und Ankunft

Beim Sterben trennt sich die Seele vom Körper. Wenn man geopfert wird, in einer Schlacht fällt oder als Frau im Kindbett stirbt, bekommt man jetzt eine sehr schöne und farbenprächtige Belohnung. Man steigt nämlich in das strahlend helle Reich des Sonnengottes auf. Vier Jahre lang wird man dann in seinem Gefolge verbringen und als ein Geist auf den Wolken am Himmel herumfliegen. Anschließend wird man als kleiner Vogel (Kolibri) mit bunten Federn im Paradies wiedergeboren.[108]

 Wer vom Blitz getroffen wird, ertrinkt oder eine Krankheit hat, kommt in das Reich einer für den Regen zuständigen Lebensform, des Gottes Tlaloc. Außer dass man seinen Namen schwer aussprechen kann, mangelt es einem hier aber an nichts.

Land und Leute

Alle anderen, die auf natürliche Weise ums Leben kommen, erreichen eine Unterwelt, die aus neun Schichten besteht und Mictlan heißt. Hier leben, außer den Toten, auch noch eine Menge fremder Wesen, zum Beispiel Erd- oder Feuergötter. Xiutecutli heißt einer von ihnen, auch sein Name ist schwer auszusprechen. Was sie hier tun, ist unbekannt, aber alle gehorchen einem Totengott und seiner Partnerin.

Promi-Wahrscheinlichkeit

Total klein, wenn man von vielen, aber allein in der Azteken-Szene bekannten Persönlichkeiten absieht.

FAZIT

Als exotischer Geheimtipp durchaus zu empfehlen, man muss aber tropentauglich sein.

✪✪

Empfehlenswert mit Einschränkungen

Die Zeugen Jehovas

DER GARTEN EDEN – NICHTS FÜR JEDEN

DAS ERLEBT MAN HIER
Man verliert das Bewusstsein und wird erst am Jüngsten Tag wieder wach.
EIGENWERBUNG
»Seit Jahren geöffnet – viele Vorteile für Mitglieder!«

Einführung

Im umfassendsten Jenseitsbild des Westens findet man eine ausführliche Beschreibung des Paradieses und eine nette Erklärung dafür, wie alles zusammenhängt. Gott ist groß, und in ihm wird eine höhere Lebensform namens Jehova verehrt. Obwohl sie wahnsinnig stark ist, ist ihr Wesen total gerecht und voll Liebe.[109] Aus dieser Motivation heraus hat sie die Welt erschaffen, alles Leben stammt von ihr, auch das im Himmel.[110] Heute stehen Jehovas Leute auf unseren Straßen im Auftrag einer höheren Lebensform, eines gewaltigen, wirklich existenten Wesens, das ihnen den Namen und sogar eine Zeitung gegeben hat; 1897 erscheint in den USA der »Wachtturm« zum ersten Mal.

Exkurs: April 123456 vor Christus herum, Ortszeit 16 Uhr 32: Jehova ist gerade bei seinem letzten Schöpfungsakt. Behutsam versenkt er die erste Seele in den Prototypen der ersten hochentwickelten Lebensform der Welt, die auf Materie aufgebaut ist. Er setzt das Geschöpf, das denken und reden kann, in einen eigens für ihn entwickelten Park und nennt ihn »Adam«, sein Wort für Mensch. Aber im Winter 123 000 vor Christus gibt es im Himmel ein paar ernsthafte Probleme. Ein Wesen, das dort arbeitet, ist mit seiner Situation unzufrieden und beginnt eine Intrige, wie man sie aus Konzernen, Parteien und Familienunternehmen kennt. In ihrem Verlauf werden die Menschen aus ihrem Biotop vertrieben. Für die freigelassenen Wesen ist das Ganze natürlich zunächst mal ein Schock. Sie sind für die freie Wildbahn überhaupt nicht geschaffen und tun sich schwer. Aber sie wissen: Eines Tages wird jemand kommen, der ihre menschliche Unvollkommenheit beendet. Und wir sind ja alle die Nachkommen der aus dem Paradies verstoßenen, ausgesetzten Menschen. Dieser Mann, Jesus »Messias«, kommt im Jahre null in Betlehem zur Welt, wird hingerichtet und steht wieder von den Toten auf. Das Ziel unseres Lebens ist seitdem die Wiederherstellung des verlorengegangenen Paradieses hier, auf der Erde. Satan und die Seinen halten sich zwar noch in der Nähe auf, haben aber Hausverbot – sie sind verbannt worden.[111]

Jedes irdische Lebewesen hat eine Seele. Sie ist eine Lebensenergie in geistiger Form.[112] Sie schafft es, den Menschen überhaupt zum Laufen zu kriegen, und befähigt ihn dazu, etwas zu tun.[113] Wenn ein Mensch stirbt, stirbt auch sie ab;[114] der Geist geht einfach aus, seine Gedanken vergehen,[115] und es ist, als ob man in Ohnmacht fällt. Man hat kein Bewusstsein, keine Ideen, keine Gefühle und keine Bedürfnisse[116] – denn alle, Gute und Böse, kommen in das Grab der Menschheit,[117] wo man eine gewisse Zeit abgeschaltet verbringt – aber nicht jeder.[118]
Aber 144 000 Menschen sind nach ihrem Tod »Geistgesalbte«. Sie kommen direkt in den Himmel und werden eines Tages als Priester für die Leute im Paradies da sein und als Könige vom Himmel regieren[119] – und zwar die Erde, für immer.[120]

Anreise und Ankunft

Die von Jesus vorhergesagten letzten Tage haben bereits angefangen. In absehbarer Zeit wird auf der Erde eine letzte Schlacht geschlagen: die von Gut und Böse.[121] Wenn nach dem Sieg das

Tausendjährige Reich anfängt, werden die meisten Menschen wiederauferstehen.[122] Auch das Meer und das Grab geben die Toten wieder heraus.[123] Jeder muss dann vor ein Totengericht,[124] aber wer schon mit dem Tod seine Sünden getilgt hat,[125] wird durchgewunken und kann gleich weiter.

Die meisten kommen ins wiederhergestellte irdische Paradies.[126] Sie werden sie kaum wiedererkennen, aber es ist die gute alte Erde, die man zum Aufenthaltsort für alle umgebaut hat. Es gibt jetzt keine Waffen oder Kriege mehr, und was man an Militaria findet, wird umgebaut. Panzer werden verbrannt,[127] Schwerter zu Pflugscharen und Speere zu Winzermessern.[128] Außerdem werden die Besitzverhältnisse neu geregelt. Die Erde wird den Sanftmütigen gegeben.[129] Alle jubeln.[130] Wer sich an Jehovas Gesetze gehalten hat, ist froh, weil er nun niemals sterben muss.[131]

 Reuelose Sünder dagegen kommen gleich in den Hades, der zwar ebenso heißt, aber anders als die Sache bei den Griechen ist.[132] Wer hierhin kommt, kann nicht mehr auferstehen und ist für immer und endgültig tot.

Land und Leute

Hinweis für Neuankömmlinge: Bei Pflanzen kommt immer ein Teil in die Erde! Man kann nicht alles essen, was wächst. Wer unsicher ist, fragt bei seinen Nachbarn nach! Auf den Feldern wird ohne Kopfbedeckung gearbeitet, aber gegen die Sonne kann auch ein Regenschirm helfen. Auch Leute ohne den berühmten »grünen Daumen« werden hier wahre Wundergärtner. Grundvegetation: Von Haus aus wachen hier Wacholderbäume und Myrte.[133] So werden selbst Wüsten zum Blühen gebracht,[134] und was das Schönste ist: Man muss sich nie umsonst abmühen.[135] Außerdem sind plötzlich alle Krankheiten weg.[136] Blinde sehen,

Taube hören, Gelähmte können wieder klettern.[137] Trauer, depressive Emotionen oder Schmerzen sind unbekannt.[138] Alle wirken frisch und jugendlich.[139] Und das ist gut so, denn im Jenseits müssen sie ordentlich ran, sich um einen Wohnraum kümmern und Landwirt werden. Dann können sie später ungestört unter eigenen Weinstöcken im Haus Marke Eigenbau sitzen.[140]

Doch auch unsere vier- und mehrbeinigen Freunde schließen Frieden, und schnell wird sogar mehr daraus. Wölfe wohnen bei Lämmern, Leoparden bei Ziegen, und Kühe stupsen Bären mit der Nase an. Selbst giftige Kobras lassen es zu, dass Babys in ihrem Loch herumstochern. Von der Mücke bis zum Alligator haben alle Tiere ihr Verhalten umgestellt und richten keinen Schaden mehr an.[141] Keiner kommt auf dumme Gedanken und beißt im entscheidenden Moment doch noch zu.

Promi-Wahrscheinlichkeit

Ziemlich hoch. Im Jenseits der Zeugen Jehovas trifft man eines Tages Cliff Richard, Luise Rinser, Janet Jackson, die Tennis spielenden William-Sisters und Ricky King.

FAZIT

Geeignet für preußische Gemüter, die immer brav ihre Pflicht tun, aber auch Respekt vor höheren Mächten haben und gern auf der Gewinnerseite sind. Hier ist überhaupt nichts los, aber wer schon immer Farmer, Rancher oder Handwerker werden wollte, kommt voll auf seine Kosten.

✪✪

Empfehlenswert mit Einschränkungen

Thelema und schwarze Magie

DAS ERLEBT MAN HIER
Man ist ein Geist, aber sicher ist das nicht.
EIGENWERBUNG
»Seit 19 Null 4, gegründet vom Tier«

Einführung

Aleister Crowley wird 1875 geboren. Zuerst zu Hause (in England), dann in den Alpen klettert er sehr erfolgreich durch die Berge. Als einer der Ersten mit Seil und Haken, den Tod im Nacken, nimmt er an Expeditionen teil, in deren Verlauf etliche Gipfel bestiegen werden. Auch später noch jagt er von Höhepunkt zu Höhepunkt.

London um die Jahrhundertwende: Crowley will hinter die Geheimnisse des Daseins kommen, wird Mitglied in magischen Orden und unternimmt Reisen in den Orient. Mit seiner Frau wird er in der Grabkammer des Cheops eingeschlossen. Nebenbei überarbeitet er auch noch das Tarot.

Später spricht Crowley seltsame Worte. Sie klingen wie eine ausgestorbene Sprache, und in ihr bekommt er Botschaften von höheren Lebensformen. Er nennt sich »das Tier 666« oder den Antichristen, ohne dass sich groß jemand darüber beschwert. 1904 präsentiert er einen Text, den ihm angeblich ein Geistwesen namens Aiwaz offenbart hat: »Das Buch des Gesetzes«[142] enthält 220 Verse und verkündet die Spielregeln eines neuen Äons, das von jetzt an überall gilt. Sie lauten: Es gibt keine höheren Lebewesen, die über den Menschen bestimmen. Aber jeder Mensch kann selbst zu einem werden. »Jeder Mann und jede Frau ist ein

Stern«[143] und es gibt nur eine Regel, die man befolgen soll, nämlich: »Tu, was du willst, soll das ganze Gesetz sein.« (AL I: 40) Damit ist natürlich keine Willkür gemeint, sondern ein pausenloses Entscheiden. Mühsam und qualvoll muss man herausfinden, was das eigentlich ist, was man will.

Gemüsefeld in der Hölle (Rohkost und Kohl).

Aber dabei hilft einem ja der nächste Punkt, die Liebe. »Liebe ist das Gesetz, Liebe unter dem Willen«, erklärt Aiwaz.[144] Das Gesetz heißt, wie die begehrende Triebkraft, die in jedem Menschen steckt, Thelema. Und auch hier gibt es höhere Lebensformen, die alles initiiert und eingerichtet haben.

Anreise und Ankunft

Im Jenseits erwarten einen »die schrecklichen Urteile von Ra-Hoor-Khuit« (AL I:52). Das aber erleben die meisten nicht mal. Viele fallen nach dem Tod in eine Unterwelt, »hinab in die Grube namens Weil«, und werden hier zusammen mit den anderen »Hunden« (AL II:27), die sich (statt auf die einfache Wahrheit) lieber nur auf ihre Vernunft verlassen wollten, umgebracht.

Land und Leute

Aleister Crowley stirbt 1947 an den Folgen seiner Heroinsucht. Seine letzten Worte sind: »Ich bin überrascht.« Auch heute gibt es noch Organisationen, die seine Lehren befolgen. Die wichtigste ist der Orden »Ordo Templi Orientis«.

Promi-Wahrscheinlichkeit

Hier gibt es viele Literaten: Crowley persönlich und Somerset-Maugham, die Poeten Sam »Xanadu« Coleridge und William Butler Yeats, Gelehrte wie Athanasius Kircher und Unbelehrbare wie Heinrich Himmler.

FAZIT

Gut gemacht, aber mit nur schwach wahrnehmbarem Jenseits und starkem Grusel-Effekt.

✪

Nicht zu empfehlen

Scientology

DAS ERLEBT MAN HIER
Man wird als Mensch wiedergeboren.
EIGENWERBUNG
»Open since 1954«

Einführung

1954 stellt ein Schriftsteller eine neue Religion vor: L. Ron Hubbard, der einige Science-Fiction-Bücher geschrieben hat, nennt sie Scientology, die Lehre vom Wissen. Bei ihr stehen die Gegenwart, das Leben und seine Chancen im Mittelpunkt. Dort weiß man, das alles aus Materie, Energie, Raum und Zeit besteht. Das gilt auch für den Körper des Menschen. Aber jeder Mensch ist auch etwas ganz Besonderes. Jeder hat eine unsterbliche Seele, die 350 Billionen Jahre alt ist. Man nennt sie Thetan, das ist das griechische Wort für »Geist« oder »Gedanke«. Sie stammt von Außerirdischen ab. Vor 75 Millionen Jahren gibt es im Weltraum eine Konföderation aus sechsundzwanzig Sternen. Auf jedem Planeten leben Milliarden Menschen. Xenu, ihr Herrscher, will die Überbevölkerung auf einen Schlag beenden. Um die Leute loszuwerden, ist ihm jedes Mittel recht.
Millionen Menschen lässt er auf einen Planeten transportieren, der weit ab vom Schuss liegt: unsere Erde. Die Geschichte ihrer Besiedlung beginnt, als in den Vulkanen Xenus riesige Wasserstoffbomben explodieren, die alle auf einen Schlag gezündet werden. Die meisten Seelen werden durch die Explosion freigesetzt. Sie sammeln sich zu Tausenden in den paar Körpern, die den Vernichtungsschlag überlebt haben, halten einen heute im

täglichen Leben davon ab, höhere geistige Stufen zu erreichen, und sind auch für viele körperliche und mentale Gebrechen verantwortlich! Wenn einen das stört, kann man sie von Scientologen entfernen lassen. Die Erde wird schließlich von der galaktischen Konföderation geräumt und ist seitdem ein Gefängnisplanet mit 6,6 Milliarden Menschen.

Der menschliche Verstand hat zwei Teile. Der eine ist zum Analysieren da, der andere zum Reagieren. Der reagierende Teil ist unbewusst, neigt dazu, schädlich zu sein, und kann den Menschen dazu bringen, Sachen zu tun, die man gar nicht tun will.

Anreise, Ankunft und Rückreise

Nach dem Sterben wird man wiedergeboren. Die Wiedergeburt findet in einen Körper statt, der dem vorherigen gleicht. Wer ein Mensch war, wird wieder ein Mensch. Wer genügend geistige Fortschritte macht, wird frei.

Weil das letzte Leben die Gegenwart negativ beeinflussen kann, lassen sich Scientologen in frühere Leben versetzen und dabei ihre Seele reinigen. Erst dann kann die Seele wieder die Kontrolle im Menschen übernehmen und ihre geistigen Fähigkeiten voll einsetzen. Dann ist man eine frei operierende Seele, die nicht mehr an Raum, Zeit, Materie und Energie gebunden ist. Als unsterbliches, geistiges Wesen erreicht sie dauerhaftes Glück und völlig neue Bewusstseinszustände.

Berühmte Sehenswürdigkeiten

Bei den Scientologen sind das alle Filme von Tom Cruise und John Travolta. Wer Gesprächsstoff sucht, sollte alle gesehen haben, alle Anspielungen darauf kennen und Dialoge auswendig können – kommt immer gut an.

Land und Leute

Wer gern Cocktails mixt (einer von Tom Cruises schwächeren Filmen), kann sich beliebt machen. Frauen, aufgepasst! Schon bei der geringsten Ähnlichkeit mit Nicole Kidman, Katie Holmes oder Olivia Newton-John wird man hier auf Händen getragen!

Promi-Wahrscheinlichkeit

Extrem hoch. Unter anderem haben sich schon Plätze reserviert: John Travolta, Tom Cruise, Chick Corea, Kirstie Alley, Priscilla Presley und ihre Tochter Lisa Marie, Sonny Bono, Placido Domingo jr. und Jim Johnson, der Gründer der Pizzakette »Mr. Jim's Pizza«. Für Essen und Unterhaltung ist also gesorgt.

FAZIT
Recht amüsant.

✪✪

Empfehlenswert mit Einschränkungen

Der Jainismus

J E D E   M Ü C K E   L E B T

DAS ERLEBT MAN HIER
Man wird ein Geist und dann wiedergeboren.
EIGENWERBUNG
»Geöffnet sei 500 v. Chr. – du kommst als ein Fremder und gehst wie ein Freund«

Einführung

Mystisches Indien! Hier ist zur Zeit Buddhas noch der Brahmanismus weit verbreitet. Alle naselang wird man wiedergeboren. Mahavira, ebenfalls ein Inder, berichtet von Menschen, die eine Methode gefunden haben, um aus dem Wiedergeburts-Business auf einen Schlag auszusteigen.

Nach dem Verscheiden trennt sich nämlich sonst immer das Geistige vom Körper, und man wird wiedergeboren als Tier, Mensch, unbekannte Lebensform, auf exotischen Daseinsebenen, als höheres Wesen, Geist oder in Höllen. Diesen Kreislauf von Werden und Vergehen nennt man Samsara.

Das Wort »Jain«, von dem sich der Jainismus herleitet, bedeutet, dass jemand Anhänger der Jinas ist (Jina heißt Sieger), und wer das geschafft hat, ist im spirituellen Sinne ein Winner-Typ. Jeder Mensch, jedes Tier und jede Pflanze hat eine Seele. Sie heißt Jiva. Jivas sind überall in der Erde, der Luft, im Feuer und Wasser zu finden, wo auch noch ganz kleine Lebewesen existieren. Von Haus aus ist jede Seele rein.

Aber getrübt wird ihr Zustand durchs Karma. Karma bedeutet, dass jede Handlung, jeder Gedanke und jede Äußerung später wieder auf den Verursacher zurückfällt. Karma sorgt als Energiepotenzial dafür, dass die Wiedergeburten kein Ende haben, und man schleppt es in allen Existenzen mit sich wie ein Öltanker eine Plastik-Ente, also ohne was davon zu merken.

Reisevorbereitung, Anreise und Ankunft

Der Jainismus aber kennt den Weg aus der Wiedergeburt. Er führt durch die Praxis der Meditation zum Thema »Rechte Erkenntnis«. Wer die hat, blickt in Sachen Geist, Materie, Raum, Zeit und bei den Prinzipien von Bewegung und Stillstand voll durch. Er hat dann »Rechtes Wissen« und versteht das Ganze. Als Nächstes möchte man nun aus den Fesseln der Materie befreit werden, dazu führt die »Rechte Lebensweise«. Zu ihr gehört, dass man Gewalt vermeidet und Tiere weder ausnutzt, noch verletzt o. Ä. Wer dazu streng asketisch lebt und gewisse Regeln befolgt (Wahrhaftigkeit, Nicht-Nehmen von Nicht-Gegebenem, Keuschheit, Unabhängigkeit von unnötigem Besitz),[145] wird nicht mehr wiedergeboren. Statt in einen neuen Körper, steigt er im Tod in die höchste Daseinssphäre auf und verharrt hier für alle Zeiten in ruhigem Glück, im Nirwana der Jainas, jenseits von jeglicher Aktivität und Zeit.

Land und Leute

Ahimsa, die Gewaltfreiheit, trifft man oft in Indien an. Weil Gandhi gezeigt hat, dass man mit ihr sogar Gewehre und Gitter kleinkriegt; militärisch gesehen die bisher größte Leistung des Pazifismus. Bei Jaina-Mönchen geht er so weit, dass sie einen Mundschutz tragen, um bloß kein Lebewesen aus Versehen einzuatmen. Außerdem sind sie strenge Vegetarier. Nett: Ihre Umgangsformen sind vom jainistischen Grundgedanken geprägt (»Ich verzeihe allen Lebewesen, mögen alle Lebewesen mir vergeben, alle Seelen sind meine Freunde, in mir existiert keine Feindseligkeit«).

Promi-Wahrscheinlichkeit

Unbedeutend. Wahrscheinlich nur Insidern bekannte Persönlichkeiten auf allen bekannten, verschiedenen Ebenen der Wiedergeburt.

FAZIT

Die Jainas machen sich das Leben schwer. Insgesamt ein interessanter Nebenzweig, in dem man es gut eine Zeitlang aushält.

✪✪

Empfehlenswert mit Einschränkungen

Die Mayas

DIE WELT HÄLT ZUSAMMEN

DAS ERLEBT MAN HIER
Man ist ein Geist und wird erst mal gereinigt.
EIGENWERBUNG
»Si, we are open seit 600 A. D.«

Einführung

Im Dschungel herrscht nur selten Stille. Stattdessen zirpt und piepst und zwitschert es genauso oft wie es piekst, ziept und – durch die reichhaltige Insektenpopulation mitsamt den auch in Südamerika ungern gesehenen Zecken – juckt oder weh tut. In der Welt der Mayas gibt es unsichtbare Wesen und Lebensformen, die den Himmel an seinen vier Enden tragen und abstützen.[146] Andere sind für Regen, Fruchtbarkeit und Landwirtschaft zuständig[147] oder damit beschäftigt, in windigen Nebeln über Wasserfluten zu leben.[148] Alles lebt und hängt irgendwie total eng miteinander zusammen.

Schöpfungsgeschichte

Es gibt drei Versuche, Leute wie uns zu schaffen. Die beiden ersten sind nicht zufriedenstellend, das höchste Wesen, der »Gott über den Göttern«, lässt eine Sintflut kommen und zerstört sie. Es heißt Hunabku und hat den Kosmos geschaffen, das Weltall mit seinen 13 Himmeln und neun unterirdischen Welten. Auch unser Planet, prächtig anzusehen mit seiner Natur, perfekt bis ins Detail, ist von ihm; er wird erbaut, indem Hunabku so lange das Wort »Erde« sagt, bis aus dem Meer das erste Land aufsteigt.

Dann kommt der Mensch ins Spiel. Über ihn wacht und herrscht er seitdem zusammen mit seiner Frau Ixchel. Sein Sohn Itzamná[149] hat uns die Schrift, den Mais und Kakao, die Heilkunde und den Kalender gebracht, damit wir immer wissen, welcher Tag gerade ist. Seitdem kommt es im Leben immer darauf an, ihn und alle anderen Wesen zu achten, zu verehren und am besten nicht zu verstimmen.

Eine besondere Rolle kommt dabei dem Herrscher der Maya zu. Er muss bei einigen religiösen Anlässen mit spitzen Gegenständen seinen Penis durchlöchern und etwas von seinem Blut opfern – aua!

Anreise und Ankunft

Wenn ein Mensch stirbt, wird seine Seele frei und kommt in eine höhere Daseinsebene. Hier wird sie (symbolisch gesehen) erst mal tüchtig geschrubbt und vollkommen geläutert. Nur Leute, die sich umgebracht haben, gelten bereits als gereinigt und kommen wie alle guten Menschen danach direkt in eine paradiesische Welt mit den üblichen Phänomenen. Hier werden sie von einem Wesen namens Ixtab beschützt, das als Göttin des Galgens gilt.

 Die Seelen böser Menschen hingegen kommen nach Mitnal ins Totenreich, in dem eine höhere Lebensform herrscht: Hunahau. Nicht mit Hunabku verwechseln!

Hunahau hat vor Jahren einmal in menschlicher Gestalt unsere Welt besucht und erlöst, indem er stirbt. Hier lebt er wieder, und zwar als ein richtiger Gott des Todes und des Unheils. Beim Volkssport der Mayas, einem Vorläufer des Basketballs, rollt oft sein Kopf als Symbol in Form eines Balls durch die Gegend; so hat die schönste Nebensache der Welt auch hier eine rituelle Bedeutung. Bei Hunahau verbringt die Seele einige Zeit im Jenseits.

Dabei verliert sie ihre überweltliche Hülle und damit auch ihr Gedächtnis. Nach einiger Zeit wird sie in den Schoß einer schwangeren Frau gebracht und danach ständig als Mensch wiedergeboren.

Land und Leute

Hier kann man aus dem Jenseits mit Lebenden in Kontakt treten – und umgekehrt. Als Medium dient dabei ein Wesen namens Chilan, das in seinem Leben Wahrsager und Priester gewesen ist. Heute kann es zwischen Diesseits und Jenseits vermitteln und Verstorbenen helfen, ihre Wiedergeburt zu verbessern – oder sie zu beschleunigen. Soll ein netter Typ sein.

Promi-Wahrscheinlichkeit

Wenig bis gar nix; es sei denn, man kennt sich mit präkolumbianischen Kulturen aus – dann ist hier natürlich jede Menge los.

FAZIT

Das Jenseits wirkt hier schön und ozeanisch. Nur böse Menschen werden wiedergeboren, und dann auch immer nur als Mensch. Beruhigende, hübsche Umgebung.

✪✪✪
Empfehlenswert

Universelles Leben

JEDER KANN SICH SELBST ERLÖSEN

DAS ERLEBT MAN HIER
Man ist ein Geist und wird wiedergeboren.
EIGENWERBUNG
»Seit 1975 geöffnet«

Einführung

1975 ist eine überirdische Lebensform auf der Erde unterwegs:
Sie hat sich einen Namen gegeben und heißt Bruder Emmanu-
el. Sie sucht einen Menschen – und stößt mitten in Deutschland
auf Gabriele Wittek aus Würzburg.
Das Universelle Leben ist die einzige Religion, die von einer Frau
gegründet wird, und bis zum Ende ihres Lebens wird sie ihre Pro-
phetin sein. Seit dem Verscheiden ihrer Mutter hat sie Kontakt
mit Geistwesen, dann erscheint ihr auch Jesus selbst und hat
eine neue, erschreckende Botschaft im Gepäck: Böse Menschen
haben in der Bibel Fälschungen und Widersprüche geschickt
versteckt. Die Schöpfung muss eigentlich völlig anders interpre-
tiert werden. Die Welt erschaffen, das tut kein Gott, sondern ein
Prinzip, das alle positiven und negativen Kräfte in sich birgt und
alles Dasein durchdringt. Wittek nennt es den Äther. Und der
Rest vom Bibeltext ist noch ruinierter. Überall Verdrehungen. Fazit: Nur eine Predigt ist noch gültig, die Bergpredigt. Und so ist
es wirklich:
Nach der Schöpfung entstehen mehrere mehr oder weniger
männliche Geistwesen, zum Beispiel Gott-Vater und Gott-Sohn,
aber auch ein weibliches Prinzip: Satana. Satana beginnt zu re-
bellieren und wird zu einem weiblichen Luzifer, dem einzigen,

den es gibt. Sie sammelt eine Menge Anhänger um sich, und für alle gibt es einen gemeinsamen Namen: Die Fallwesen. Das sind wir. Sie nehmen eine materielle Form an und werden zu Menschen. In jedem von ihnen steckt eine Seele, ein Funke der Urkraft, den Jesus persönlich eingepflanzt hat (übrigens ist auch der ein Geistwesen, Jesus ist nur seine menschliche Hülle).

Anreise und Ankunft

Und nach dem Sterben wird man pausenlos wiedergeboren. Auch hier regiert das Karma, aber diesmal hat es ein Ziel. Man muss daran arbeiten, dass die Summe der guten Taten aus allen Leben größer und die aller bösen Taten kleiner wird. Nur so kann man sich selbst erlösen. Und dabei ist Eile angesagt, denn hier, im Universellen Leben, steht der Weltuntergang bereits kurz bevor.

Die Aufgabe der Seele, wieder ein Teil des Überirdischen zu werden, duldet also keinen Aufschub. Bis zum Weltuntergang muss man täglich meditieren. Drogen, Fleisch und Kaffee? Weg damit! Auch beim Geschlechtsverkehr Zurückhaltung üben. Dann wird man ein »fortgeschrittener Gott-Mensch« und kommt ins »tausendjährige Reich des Friedens«, was aber nicht weiter interessant ist.

Land und Leute

Entfällt.

Promi-Wahrscheinlichkeit

Gabriele Wittek (angefragt).

FAZIT

Viele Menschen basteln sich ihr Bild vom Jenseits selbst. »Ich hab zu Hause einen Altar«, sagt ein bekannter Schauspieler, »da steht ein Buddha drauf, aber auch ein kleines Schweinchen.«[150] Im Gegensatz zu solcher Amateurarbeit ist hier ein konkretes, wenn auch sehr privates Jenseits entwickelt worden, das allen Menschen Platz bietet – ungewöhnlich, aber originell.

✪✪

Empfehlenswert mit Einschränkungen

Nahtod-Erlebnisse

LICHT AM ENDE DES TUNNELS

DAS ERLEBT MAN HIER
Man stirbt, wird ein Geist und kommt wieder.
EIGENWERBUNG
»Seit den 80er Jahren«

Einführung

Es gibt eine Grenze, die hat noch keiner überschritten, jedenfalls keiner, der noch lebt. Aber es gibt Leute, die schon verdammt nah an diese Barriere gekommen und daran gestoßen sind. Es sind Leute wie Sie und ich, harmlose Zeitgenossen, die aber eines gemeinsam haben. Sie haben als erste Menschen etwas Unglaubliches erlebt, denn sie waren schon … klinisch tot.

Der körperliche Tod tritt ein, wenn der Atem stillsteht und der Herzschlag aussetzt. Binnen fünf Minuten sterben dann die Gehirnzellen ab. Es folgt der Stillstand der wesentlichen Hirnfunktionen. Dass man klinisch tot ist, sieht der Arzt am EKG oder am Angiogramm. Wem das zu Hause passiert, der wechselt in diesem Moment in die nächste, unsichtbare Welt über. Seine Zellen zerfallen, eine Viertelstunde später werden dann auch die Herzzellen abgestorben sein, was noch keiner überlebt hat. Wenn einem dasselbe in einem Krankenhaus geschieht, kann man gerettet werden. Manchmal hat man dann ein … Nahtod-Erlebnis. Das passiert nur in Operationssälen. Immer sind Ärzte dabei. Sie setzen modernes Gerät ein, das sie erst seit ein paar Jahren haben. Wer wieder aufwacht, berichtet manchmal von dem, was mit ihm geschehen ist. Im Allgemeinen läuft das so ab: Ein Mensch liegt im Sterben und wird von einem Arzt für tot erklärt. »Ich habe das Gefühl, dass ich mich durch einen langen, dunklen Tunnel bewege.« – »Plötzlich bin ich außerhalb des Körpers. Die Umgebung ist dieselbe wie vorher.« – »Ich sehe aus der Entfernung zu, wie auf der Intensivstation Wiederbelebungsversuche unternommen werden. Ich habe einen Körper, aber er ist anders als mein richtiger Körper.«

Später spürt man starke Emotionen. Angst ergreift einen, oder man fühlt sich von etwas angezogen. Es soll hier auch hilfreiche Geister geben, die einen begrüßen. Manchmal sehen sie wie verstorbene Verwandte und Freunde aus.

Ist da ein Licht am Ende des Tunnels? Und wo ist der Tunnel?

Dann begegnet man einem Lichtwesen. Das ist der Moment, in dem die eigene Vergangenheit vor einem abläuft, wie ein Film, bei dem man sich an alles erinnern kann. Oder man wird mit einer Frage konfrontiert, die nicht ausgesprochen, aber mit der Art zu tun haben wird, wie man sein Leben geführt hat. Doch dann wird einem klar, dass der Moment des Todes noch nicht da ist, und dann kommt man wieder zurück.

Land und Leute

Achtung: Bei Nahtod-Erlebnissen handelt es sich nicht um das richtige Sterben. Die letzte Schwelle, die hinüber in das andere Reich führt, wird hier nicht überschritten. Keiner von ihnen war wirklich tot!

Promi-Wahrscheinlichkeit

Man wird wohl nicht umhin können, hier Elisabeth Kübler-Ross zu begegnen – prominente Sterbeforscherin.

FAZIT

In diesem Jenseits kann jeder seine eigene Religion wiedererkennen. Nahtod-Erlebnisse sind nur dann interessant, wenn man danach zurückkommt. Bitte nicht ausprobieren!

✪✪✪
Empfehlenswert

Der Spiritismus

DIE BOTSCHAFT DER GEISTER

DAS ERLEBT MAN HIER
Man trifft viele andere Geister und macht sich beliebt.
EIGENWERBUNG
»Am Draht seit 1848«

Einführung

Neunzehntes Jahrhundert: In der gesamten zivilisierten Welt setzen sich Menschen um einen Tisch und legen ihre Hände ineinander. Überall finden Seancen statt, bei denen man ein Medium dabeihat, eine Person, die für das Übersinnliche besonders empfänglich ist. Sie kann zwischen der Welt der Lebenden und der anderen Seite vermitteln. Geister zeigen sich hier als Phantome oder Materialisationen und versuchen, etwas mitzuteilen. Dabei kommt es zum direkten Kontakt mit unsichtbaren Lebensformen, so entsteht der Spiritismus.[151]

 Test: Sind Sie ein Klopfgeist?
Fühlen Sie sich manchmal einsam und möchten am liebsten mit anderen in Kontakt treten? Können Sie sich nur durch Klopfen und merkwürdige Geräusche verständlich machen? Sind Sie unsichtbar?
Dann sind Sie ein waschechter Klopfgeist, der sich bei Lebenden meldet und mit etwas Glück berichtet, wie es da drüben aussieht.

Auch in Frankreich werden Versuche angestellt, bei denen Medien aus dem späteren Ostblock zum Einsatz kommen. So entsteht das Bild der schwarzhaarigen Wahrsagerin mit einer Kristallkugel, in der sich ihre dunklen Augen oder Wolken widerspiegeln. Zur selben Zeit formen sich die ersten Zirkel derjenigen, die voll ins Magische abgedriftet sind. Bei ihren Treffen versuchen sie, schwarze Magie zu entwickeln. Daraus wird später Thelema (siehe Aleister Crowley).

Der französische Forscher Kardec fasst ihre Botschaften zusammen. Allan Kardec ist ein Pseudonym, in Wirklichkeit steckt jemand dahinter, der an den damals populären animalischen Magnetismus glaubt und im Kreise seiner Freunde schon selbst erlebt hat, wie sich Geister manifestieren! Sein Name: Léon-Hippolithe-Denizart Rivail. Sein Buch, die spiritistische Bibel, nennt er das Buch der Geister. Weitere seiner Werke sind das Buch der Medien, das Evangelium nach dem Spiritismus, die Genesis und »Der Himmel und die Hölle«.

Laut dem Buch der Geister gibt es eine ganze Menge von ihnen und ein spirituelles Wesen hat auch das Universum erschaffen. Als Geist lebt man in einer körperlosen Welt, die ganz anders als unsere ist. Gute Geister sind hier glücklich, weil sie alles wahrnehmen, sehen und erkennen können. Sie sind glücklich, weil sie weder Hass, noch Neid und Ehrgeiz haben. Und glücklich, weil sie eine Liebe erleben, die sie alle vereint. Niedrigere Geister dagegen sind hier unglücklich, extreme Neidbeutel, schnell eifersüchtig und verzehren sich gierig nach unerreichbaren Genüssen. Der Mensch an sich ist nach dem üblichen Bauplan konstruiert. Auch hier kommen ein grobstofflicher Körper und eine feinstoffliche Seele zum Einsatz. Der Geist ist wie immer aus der unsterblichen Baureihe.

Anreise und Ankunft

Wenn man stirbt, trennt sich die Seele vom Körper und wandert in den Himmel. Oder sie wird, was öfter passiert, ein Geist im weitverbreiteten Sinne.[152] Dann kann sie vielen Seelen begegnen und mit ihnen kommunizieren. Von dieser Sphäre aus kann sie auch den Kontakt mit einem Medium aufnehmen.

Auf der anderen Seite der Leitung muss das Medium auf der Hut sein. Im Jenseits leben Wesen, die nur so tun, als ob sie verstorbene Verwandte wären. Wenn sie mit einem in Kontakt treten, können schlechtgelaunte Geister von einem Besitz ergreifen. Hier wimmelt es von Unsichtbaren, die teilweise dämonisch veranlagt sind.

Nach einiger Zeit des Wartens im Jenseits wird man wiedergeboren, aber nicht irgendwo. Sondern immer auf einer höheren Stufe. Niemand kann auf eine tiefere Stufe fallen, aber natürlich werden auch hier die Erinnerungen an ein vorheriges Leben wie immer während der Wiedergeburt verdrängt.

Wer im Jenseits Hilfe braucht, wendet sich einfach an die bereits höherentwickelten Geister. Sie helfen einem, ein besseres Wesen zu werden. Am Schluss ist man einer von ihnen und so wie Jesus. Auch er hat diesen ganzen Aufstieg vollständig durchlaufen.

Land und Leute

Man hat keinen Körper, und als Geist passiert nicht viel. Man lässt sich treiben und beachtet, dass sauber immer gut und schmutzig immer schlecht ist. Bösen Geistern aus dem Weg gehen und zusehen, wie die Zeit vergeht.

Promi-Wahrscheinlichkeit

Geht so. Hier trifft man den Spiritismus-Pionier Allan Kardec ebenso wie Sherlock-Holmes-Erfinder Arthur Conan Doyle. Außerdem viele Geister, die vorgeben, jemand Berühmtes zu sein (Napoleon, Caesar).

FAZIT

Das klingt plausibel und spannend. Als Geist ist man in jeder Religion am richtigen Platz. Da muss man hin.

✪✪✪

Empfehlenswert

Die Theosophie

DAS ERLEBT MAN HIER
Man wird wiedergeboren und bekommt Superkräfte.
EIGENWERBUNG
»Seit 1851 im Namen der Menschheit geöffnet«

Einführung

Noch einmal neunzehntes Jahrhundert. In Europa macht eine gewisse Dame von sich reden, die zur Urmutter aller spirituellen Frauen wird: Helena Petrovna Blavatsky aus Russland arbeitet schon seit längerem in der Szene als Medium. Sie ist eine feminine Erscheinung, nach der ein paar Männer verrückt sind.

An ihrem zwanzigsten Geburtstag geschieht etwas, das ihr Leben verändert: Sie hat eine Erscheinung. Ein Mann, der ihr schon in der Kindheit in Visionen begegnet ist: Meister Morya. Früher war er selbst einmal ein Mensch, heute hat er diese Bezeichnung hinter sich gelassen und ist auf seinem eigenen, spirituellen Weg enorm weit vorangekommen.

Madame Blavatsky reist später viel. Vor allem abgelegene Gegenden haben es ihr angetan. Mit ihrem Freund Colonel Olcott, einem langbärtigen Ex-Militär, fährt sie nach Asien. Die Liebe zerbricht. Sie reist noch mehr und lernt weitere Meister kennen. In Tibet Meister Koot Hoomi (1868), in Griechenland Meister Hilarion.

Ein paar Jahre darauf macht sie Nägel mit Köpfen und gründet in New York die Theosophische Gesellschaft.

Was sie lehrt

Das Weltall ist ewig, grenzenlos und voller Universen. Im Innenleben des Menschen hat ein allgegenwärtiges, unbeschreibliches Prinzip jede Seele wie einen Funken beseelt. Alle stammen von ihm ab, alle sind mit allem, was es gibt, verwandt, alle Wesen sind miteinander verbunden, alles belebt eine universale Lebenskraft: das Prana, das auf Sanskrit Jiva heißt. Das kann man sich nicht vorstellen, es überschreitet das menschliche Vorstellungsvermögen leider bei weitem, und man kann es auch mit gar nichts vergleichen.

Der Mensch besteht demnach aus mehreren Teilen: aus dem materiellern Körper, mit dem sich auch seine Seele durch die Welt bewegt, und außerdem auch noch aus einem unsichtbaren Astralkörper. Der Astralkörper ist aufgebaut wie der normale Körper, wenn man Phantomschmerzen hat, kommen sie von dort. Der Sitz der Seele ist im Denken (Manas). Die Seele wird vom Willen und vom Begehren beeinflusst, die beiden sind es, die den Menschen vorantreiben. Und auch hier gibt es wieder das Karma. Damit es nicht in Form von Wünschen überhandnimmt, muss es vom Willen eingefangen und domestiziert werden. Wer Unterscheidungskraft[153] und Intuition entwickelt, weiß immer dann, dass er auf dem richtigen Weg ist, wenn sie ihn zu guten Handlungen treiben. Dann verbindet sich seine Seele bereits hier und jetzt mit der inneren Überweltlichkeit, dem Atman.

Madame Blavatsky schreibt ihr Hauptwerk »Die Geheimlehre« und lässt nicht davon ab, ihre Erkenntnisse unter dem Namen »Theosophie« zu verbreiten. Das Wort stammt aus dem Griechischen und bedeutet, je nach Übersetzung, Weisheit der Götter oder überweltliches Wissen. In ihr sind Spukerscheinungen ebenso gern gesehen wie Traumkörper, die mit einer silbernen Schnur mit dem normalen Leib verbunden sind.

Anreise und Ankunft

Nach dem Tod wird man wiedergeboren. Weil Energie nicht ver-
nicht, sondern nur in eine andere Form überführt werdem kann,
nimmt die Seele erneut Gestalt an und erscheint dort, wo es ihre
im letzten Leben begangenen Taten, Worte und Gedanken wollen.

Land und Leute

Wer hier ist, weiß: In der Theosophie kann er angeborene, ver-
borgene Kräfte entfalten. Ihr Endziel ist der tolle Zustand der
Erkenntnis. Leute mit Erkenntnis sind von der Wiedergeburt befreit und leben in einem überweltlichen Zustand, der – wie bei
Jainas und Buddisten – Nirwana heißt.

Promi-Wahrscheinlichkeit

Nobel. Zur Szene gehören neben Frau Blavatsky auch Südseema-
ler Paul Gauguin, Literaturnobelpreisträger William Butler Yeats
und Russen-Komponist Alexander Skrjabin.

FAZIT
Alles reichlich kompliziert. Wer herausfinden will, ob das wirklich so ist, sollte sich schon mal in die Materie einlesen.

✪✪

Empfehlenswert mit Einschränkungen

Die Parapsychologie

» S I E   S I N D   D A H A ! «

DAS ERLEBT MAN HIER
Man kann als Geist alles Mögliche.
EIGENWERBUNG
»Am Rande des Jenseits seit 1882«

Einführung

In der Parapsychologie geht es nicht um alte Indianerfriedhöfe oder Kinder, die vor dem Fernseher verschwinden. Das Austreiben von Poltergeistern durch dicke, kleine Frauen gehört auch nicht in diese Kategorie. Nur die Wissenschaft. 1882 gründet das Medium D. D. Home die »Society for Psychical Research«. Die meisten ihrer Mitglieder beschäftigen sich mit Spuk, Geistern, Okkultismus usw.

Zum ersten Mal in der Geschichte wollen sie erforschen, was bis heute rätselhaft geblieben ist: Telepathie, Hellsehen, Weissagen, außerkörperliche Erfahrungen, Telekinese, übersinnliche Wahrnehmungen. Mit einer Methodik, die man aus der Wissenschaft kennt. PSI und ESP-Kräfte, so nennt man sie, kommen dann angeblich 70 Jahre später noch mal im Kalten Krieg zum Einsatz, anscheinend ohne Erfolg.

Heute beschäftigt sich die Parapsychologie damit, wie Organismen und Umwelt sich beeinflussen oder miteinander kommunizieren; der alte Pep ist also futsch.

Das hat sie herausgefunden: Personen sind nicht unbedingt an einen Körper gebunden. Sie können ein Geist sein, zum Beispiel der eines Verstorbenen. Dann ist man stets unsichtbar, kann aber noch Einfluss auf andere ausüben.

Land und Leute

Jeder kann diese PSI-Kräfte haben – man sieht es den Leuten nicht an. Falls Sie damit konfrontiert werden, bitte nicht wundern.

Promi-Wahrscheinlichkeit

Sehr hoch. Aus Religionen mit Wiedergeburt ist bekannt, dass der Großteil der Menschen als körperloser Geist erscheint. Darum trifft man hier Verwandte und so gut wie jeden an, von Orson Welles über Pol Pot und James Cook bis zu Stan Laurel und Erich Kästner. Suchen Sie sich einen aus.

FAZIT
Ein Jenseits voll spannender Entdeckungen, das jedem bevorsteht? Das muss einfach gut sein.

✪✪✪
Empfehlenswert

Die Rastafari

DAS ERLEBT MAN HIER
Aus Ihnen wird wieder ein Mensch.
EIGENWERBUNG
»From 1930 on it's open, man«

Einführung

Für viele ist sie ein Tropenparadies mit superlangen Stränden, für Marcus Garvey (1887–1940) ist die Insel Jamaika die Hölle. Am liebsten würde er seinen dunkelhäutigen Brüdern mehr Selbstwertgefühl geben. Weg mit den weißen Ausbeutern! Am besten sollen alle, wenn's nach ihm geht, zu ihren Wurzeln zurückkehren, nach Afrika. Um sie zu motivieren, bezieht Garvey sich auf die Bibel (Offenbarung 5:2,5) und prophezeit Großes: »Wenn dort ein schwarzer König gekrönt wird, ist der Tag der Erlösung nah!« Nach Afrika, weil da ihre Vorfahren herkommen. Alle schwarzen Leute in Jamaika sind Wiedergeburten, die Reinkarnation eines alten, jüdischen Stammes, der Verfehlungen begangen hat und vom höchsten Wesen aus Afrika verbannt wurde. Seitdem muss er im westlichen Wertesystem leben, in »Babylon Dread«, dem schreckliche Babylon der Offenbarung 17,5. Aber wie gesagt, Jamaika findet er auch furchtbar.

Kaiser Haile Selassie I.

Als 1930 in Äthiopien ein junger Adliger Kaiser wird, nennt er sich Negusa Negast, der König der Könige, und Haile Selassie I., der 225. Nachfahre der königlichen Linie von David (Israel), König Salomon und der Königin von Saba. Er regiert sein Land, bis er in eine überweltliche Daseinssphäre tritt. Seitdem lebt er dort unter dem Titel Jah Rastafari – Jah heißt Jehova, Ras Haupt und Tafari ist jemand, vor dem man Angst hat. Also das furchteinflößende Haupt des Allmächtigen.

Damit ist klar: Die Prophezeiung ist erfüllt, der Messias da, und jetzt kommt endlich auch die Rückkehr aus dem Elend des Exils. Äthiopien ist für sie der Ort der Verheißung, in weiten Strecken allerdings nur noch im geistigen Sinn. Zion ist das himmlische Königreich auf der Erde und der Ort, an dem sich alle Rastafarians sammeln können, die nicht den Irrlehren Babylons folgen.

Anreise und Ankunft

Wenn ein Mensch aus dem Leben scheidet, werden all seine Komponenten wieder Teil des Gesamtkreislaufs der Dinge. Seine Seele findet einen neuen Körper, und aus den Atomen, aus denen man zusammengesetzt war, entsteht ein neuer Mensch. So geht das Leben weiter, bis am Ende aller Zeiten Jah erscheint und Gut zum letzten Mal gegen Böse antritt. Das ist die Schlacht von Armageddon, das Finale, und danach kommt ein Jüngstes Gericht, wie wir's aus dem Christentum kennen.

Sitten und Gebräuche

Rastas nehmen sich das Land, das sie wollen, einfach so. Die Idee dazu haben sie aus der Bibel.[154] Lohnarbeit ist Sklaverei, viele tragen wegen der Naturverbundenheit Bärte und vor allem Dreadlocks, denn die Frisur der Rastamänner ist für sie ein Symbol für eine Löwenmähne, die des Lion of Judah – auch das ist Haile Selassie.

Der Körper ist der Tempel, den die Natur dem Menschen gegeben hat. Darum werden nur Küchengeräte aus natürlichen Materialien verwendet. Am besten ist Nahrung, die in der Erde wächst und richtig frisch ist – dann ist sie »ital«. Ital ist eine raffinierte Kombination aus »i« (Ich) und »vital« und bedeutet »natürlich« und »lebenswichtig« zugleich. Dosennahrung ist »beerdigtes Essen«, Salz schlecht, Fleisch, Fisch, Geflügel, Eier und andere tierische Produkte machen den Magen zu einem Friedhof, und starker Alkohol und Tabak sind auch nicht gut.

Land und Leute

Größtenteils farbige Bevölkerung, die lebenslustig und immer gut drauf ist.

Promi-Wahrscheinlichkeit

Hoch und spezialisiert. Hier singen Bob Marley und Peter Tosh am Strand, weitere Stars wie Burning Spear und U-Roy sind bereits fest gebucht. Wichtig: Badelaken nicht vergessen!

FAZIT

Vorteil: Hier läuft ständig Musik, und an jeder Ecke sagt einer »Yeah, Man, I and I, Babylon Dread« und so weiter.
Nachteil: Wer keinen Reggae mag, kann gleich wieder gehen.

✪✪

Empfehlenswert mit Einschränkungen

Die nordamerikanischen Indianer

INS JENSEITS IM GALOPP

DAS ERLEBT MAN HIER
Man geht als Geist auf Wanderschaft und trifft Gott.
EIGENWERBUNG
»Geöffnet seit 808 Jahren«

Einführung

Die Ewigen Jagdgründe. So nennt man das Jenseits der nordamerikanischen Indianer, die ihre große Zeit zwischen 1200 und
1890 haben. Viele sind Nomaden, wohnen in Dörfern (Pueblos)
oder auf dem Grunde der Canyons, und für viele ist die Erde
noch heute so heilig, dass sie nicht aufgegraben werden darf und
Rohre und Wasserleitungen für das Klo in ihrem Wohnmobil
oberirdisch verlegt worden sind.

Groß Aufzeichnungen machen, Malen oder Komponieren tut
darin keiner, aber sie berichten von einem Himmelsvater und
der Erdmutter, zwei höheren Lebensformen, die für das Diesseits
und auch für das Jenseits zuständig sind. Die Welt ist in die der
Pflanzen, der Tiere und der Menschen aufgeteilt. Fast alles in ihr,
selbst Steine, ist beseelt, und eine Seele hat auch jedes Wild, das
man erlegt. Später wird man sich für jedes Steak rechtfertigen
müssen.

Anreise und Ankunft

Wenn man stirbt, wird man mit allen Besitztümern mit dem
Kopf in Richtung Westen, also zum Sonnenuntergang hin, be-

stattet.[155] In der ersten Nacht trennt sich dann die Seele vom Körper und muss in diese Richtung weiterwandern. Dann geht die Seele in das Land der Geister.[156] Der Weg ist mit Mokassinspuren gut markiert. Schlechte Menschen werden von Phantomen oder denen gejagt, die sie verletzt haben.

Im Jenseits der Indianer wacht der Große Geist über alles (hier hinten links im Bild).

Hier kann man seine Sachen, wenn sie sich in Rauch auflösen, in geistiger Form mitnehmen. Wer sein Lieblingspferd mitverbrennen lässt, kann darauf reiten.

So erreichen alle schließlich einen Fluss, den Fluss des Todes, der weitaus größer als die Wupper oder der Jordan ist. Gute Menschen können hindurchwaten, er ist ziemlich seicht. Am anderen Ufer treffen sie den Großen Geist.[157] Er ist der Schöpfer des Lebens.

Von nun an lebt man für immer bei ihm in den Ewigen Jagdgründen. Hier sind Indianer glücklich, wenn sie die Schatten der Büffel jagen, die auch schon gestorben sind. Weitere Beschäftigungen: tanzen, singen und sich von Pilzen ernähren.

Wer ein schlechter Mensch war oder mit dem falschen Pferd begraben wird, ertrinkt im Fluss und ist für immer tot.[158] Oder er wird am Ufer zurückgewiesen und ein Geist, der schrecklich aussieht und dadurch die Leute vertreibt.[159]

Sitten und Gebräuche

1870 treten höhere Lebensformen mit dem Indianer Wovoka in Kontakt (im Stamm Paviotso im heutigen Nevada). Es sind Verstorbene. Sie informieren ihn über das, was die Zukunft bringen wird: Sie werden zurückkehren und ihre alte Lebensweise wieder aufnehmen. Sie sagen paradiesische Zustände für die Zeit voraus, wenn die weißen Eroberer verschwunden sind, und weisen ihn an, zu diesem Zweck ein Ritual durchzuführen: den Geistertanz. Das Tanzen hat für nordamerikanische Indianer magische Funktion. Schmackhafte Büffelherden werden damit dazu gebracht, in aller Ruhe durch das Jagdgebiet der wohlgenährten Stämme zu ziehen.

Beim Geistertanz halten sich Männer und Frauen in einem Kreis an der Hand, singen mit Trommelbegleitung und tanzen tagelang bis zur Erschöpfung. Wer in Trance gerät, betritt die Welt der Verstorbenen. Die häufige Wiederholung führt zur Verschmelzung beider Welten, und dann müssten eigentlich die Abgeschiedenen zurückkehren.

Sie tanzen und tanzen, und als bis 1872 nichts passiert ist, erklärt Wovoka seine Vision für ungültig.

Land und Leute

Bei den Kelta-Indianern fliegt die Seele nach dem Sterben als Vogel ins Geisterland, aber schlechte Seelen werden von einem Habicht gejagt und gefressen.

Bei den Algonkins und den Yurok (im heutigen Kalifornien) braucht eine verstorbene Seele Licht, weil sie sonst nichts sieht. Darum zündet man auf dem Grab Feuer an.

Chippewa-Indianerseelen kommen an einen Fluss, bei dem eine Schlange als Brücke dient. Ertrunkene fallen hinein, und nur lethargische Typen dürfen nicht rüber, kehren in ihren alten Körper zurück und beseelen ihn erneut.

Promi-Wahrscheinlichkeit

Hoch. Hier leiten Häuptlinge wie Sitting Bull, Cochise und Crazy Horse noch immer die Stämme. Stil-Ikonen wie Pocahontas kochen ihren Männern, wenn sie vom Jagen nach Hause kommen, ein leckeres Essen.

FAZIT

Wer bei Western immer zu den Indianern gehalten hat, kommt hier gut durch. Leute mit Büffelfleisch-Allergie, Vegetarier, Rohköstler und Veganer sollten das Gebiet aber meiden.

✪✪

Empfehlenswert mit Einschränkungen

Die Inkas

ALLES WIRD GUT

DAS ERLEBT MAN HIER
Man lebt nach dem Tod einfach weiter.
EIGENWERBUNG
»Seit Anno Domini 1250«

Einführung

Bis 1572 ist die Religion der Inkas in ganz Lateinamerika verbreitet. Auch in Peru. Gold und Silber haben die Konquistadoren erwartet, als sie auf der Suche nach Eldorado links und rechts alles niedermähen und hoffen, den goldenen Mann zu finden. Die Ureinwohner halten sie für neue, bisher unbekannte Wesen, die mit ihren Pferden zusammengewachsen sind.

Das ist der Moment, von dem an die Kultur des kleinen spanischen Porzellaneselchens, das eine Blumenkarre zieht, das Land erobert.

Die Schöpfung der Welt

Viracocha lebt ewig und hat alles erschaffen. Es ist lang her, dass er als Schöpfergott zwei wichtige Himmelskörper aus dem Titicacasee aufsteigen lässt (schätzungsweise mehrere Milliarden Jahre), aber seitdem hängen Sonne und Mond am Himmel. Viracocha nimmt Lehm und formt daraus alle. Als auch noch weitere, unsichtbare Lebensformen aus ihrem Ei schlüpfen, entsteht eine Welt, in der sich höhere Wesen in Manifestation der Natur zeigen, in magisch empfundenen Bergspitzen, markanten Felsen und reißenden Flüssen (Huacas).

Ein Huaca ist ein Service-Terminal fürs Unsichtbare. Huacas sind vielfältig und leistungsstark. Sie sind hilfsbereit und haben besondere Kräfte. Sonne und König können damit gleichzeitig verehrt werden, indem man ihnen Kinder oder Lamas opfert und sie in ihrer Nähe begräbt. Vor allem bei drohender Dürre, Erdbeben, Überschwemmung und/oder Vulkanausbrüchen.

Auch Inti ist von Viracocha erschaffen worden. Er ist als höheres Wesen für die Sonne zuständig, und von ihm und seiner Frau Mamaquilla leiten die Inka ihre Abstammung ab. Sie hat den Mond voll unter Kontrolle, und beide werden durch Edelmetalle symbolisiert: leuchtendes Gold = Sonne (Inti), schimmerndes Silber = Mond (Mamaquilla). Ein anderes Wesen ist für regelmäßige Regenfälle verantwortlich, Illapa heißt hier der Gewittergott, und den guten alten Boden, der alle ernährt und versorgt, regiert Pachamama, die Mutter Erde.

Anreise und Ankunft

Wenn ein Mensch stirbt, trennt sich seine Seele vom Körper und geht in ein besseres Leben über. Seele und Körper, schon im Leben die besten Kumpels, existieren aber nach dem Tod beide noch weiter und haben dieselben Bedürfnisse wie früher, also Essen, Trinken etc. Der Körper wird darum getrocknet, mumifiziert und mit seinen Besitztümern begraben.

Land und Leute

Außerdem werden die Inkas von Sternen beschützt. Selbst jedes Tier hat seinen eigenen, und auch im weltlichen Leben sind höhere Kräfte zu spüren, dort werden sie durch den König und seine Frau vertreten. Beide sind Inkarnationen von Sonne und Mond.

Promi-Wahrscheinlichkeit

Eher klein. Bis auf Atahualpa, den letzten Inka-König, gibt es hier wenig bemerkenswerte Persönlichkeiten.

FAZIT
Dann schon lieber richtig tot sein.

✪

Nicht zu empfehlen

Die Anthroposophie

DAS ICH LEBT WEITER

DAS ERLEBT MAN HIER
Man trifft andere Geister und lernt viel dazu.
EIGENWERBUNG
»Aus gutem Grund geöffnet seit 1901«

Einführung

In Deutschland wird 1861 Rudolf Steiner geboren. Schon in der Kindheit merkt er: Es gibt mehr, als ihm seine Eltern erzählen. Es gibt Sachen, die man nicht mit den üblichen Sinnen wahrnehmen kann. Als er 40 wird, gründet er die Anthroposophie, eine Methode zur »wissenschaftlichen Erforschung der geistigen Welt«, die nur ein Ziel hat: den Menschen bewusster zu machen.

Jeder Mensch besteht demnach aus mehreren Teilen: einem physischen Leib, z. B. 70 Kilo Schlachtgewicht, mit allen Organen, Knochen, Haut, Fingern, einer intakten Darmflora etc. Sichtbar, vergänglich. Einem Leib, den man Lebensleib nennt. Pausenlos belebt und gestaltet er den physischen Körper neu. Mit Denkkräften und Gewohnheiten. Unsichtbar, vergänglich. Einem Astralleib, mit dem man auf die Außenwelt reagieren kann. Er macht das Empfindende, einen Teil der Seele, aus. Unsichtbar, vergänglich. Einem Ich als wichtigster Teil des Ganzen. Unsichtbar, aber unvergänglich.

Der Geist ist die wahre Wesenheit des Menschen. Sein Leib und seine Seele sind nur seine Hüllen. Er ist schwer zu packen und zu beschreiben, weil er über das erfahrbare Ich hinausgeht.

Anreise und Ankunft

Wenn man stirbt, löst sich das Gefüge aus Geist, Leib und Seele auf. Zuerst trennt sich der Lebensleib vom Körper, dann der Astralleib. Wenn nur noch das Ich besteht, geht's weiter.

Dann trifft man in einem geistigen Reich andere Wesenheiten, die höher entwickelt sind. Ab jetzt verbringt man hier sein Leben. Manchmal kann man von hier aus sogar die zurückgelassene, sterbliche Welt beeinflussen. In der Anthroposophie sind gewaltige Mengen an Geistern vorhanden, die sich in ihrem ultraleichten Zustand auf das vorbereiten, was danach kommt: die Wiedergeburt.

Zeit, Ort und Umstände werden vom individuellen Schicksal bestimmt und vom Karma und dem Leben, das man geführt hat. Wer meditiert, sich an die Kandare nimmt und dabei beobachtet, kann durch eine Art Erleuchtung ein höheres Wesen in unerforschten, höheren Sphären werden.

Land und Leute

Nett hier, aber alles sehr esoterisch geprägt und durchgeistigt. Wer hier von seiner Donald-Duck-Sammlung erzählt, gilt schnell als Sonderling.

Promi-Wahrscheinlichkeit

Gering. Auch wenn (neben Gründer Rudolf Steiner) noch andere VIPs hier sind, fallen sie durch ihre Zurückhaltung eben nicht auf. Das Individuum zählt mehr als sein Ruhm.

FAZIT

Wem das mit den einzelnen Teilen des Menschen zu kompliziert ist, hat hier nichts verloren. Ansonsten gibt es viel Musik, Orff-Orchester und Eurythmie (magische Tänze); ein Jenseits ohne Ecken und Kanten.

✪✪

Empfehlenswert mit Einschränkungen

Die alten Römer

DER IMPORTIERTE HIMMEL

DAS ERLEBT MAN HIER
Man ist ein Geist und wird von einem freundlichen Gott in einen Wald gebracht.
EIGENWERBUNG
»Aperto seit 500 ante Christus«

Einführung

Religionen entwickeln immer einen Sog. Ihre Allgemeingültigkeit gibt ihnen die nötige Durchsetzungskraft. Im alten Zweistromland kann man beobachten, wie die akkadische Religion noch nach dem Erlöschen ihrer Feuer andere beeinflusst.

Bei den Römern sieht man, dass auf Land- und Seewegen nicht nur Weinbau, Ouzo und Philosophie, sondern auch Dinge transportiert werden, die so groß wie ein Weltall sind. Bis ins Jahr 300 der heutigen Zeit nimmt man in Italien viele unsichtbare Wesenheiten wahr. Von der Personaldecke her ist die Population des Überweltlichen dort so dicht wie im antiken Griechenland, nur ihre Namen unterscheiden sich deutlich voneinander.

Das höchste Wesen, das sich mit seinen ebenbürtigen Kumpels in einem exklusiven himmlischen Gefilde aufhält (No-go-Area für Menschen), heißt dort statt Zeus Jupiter (Himmelsvater). Wie der Kollege im Olymp hat auch er alle höheren Lebensformen hervorgebracht. Seine Frau Juno ist die Göttin des Herdfeuers. Das mit dem Herdfeuer scheint gut zu klappen, darum hat sie Affären mit männlichen und weiblichen Geliebten.

Aurora hat als Manifestationsarena die Morgenröte bekommen, Bacchus steht für Wein und die Natur des Menschen, Faunus

Unterwegs zum Pluton

wird in den Wäldern gesehen und Fortuna im Glück, Herkules ruft man beim Sport und auf Reisen an, Luna ist der Mond, Victoria der Sieg und beim Schutz bestimmter Orte, Gebäude und Familien sind unsichtbare Wesen im Einsatz, die Laren, Penaten oder Parzen.

> **TIPP** Wer die richtigen Sprüche drauf hat, kann sie kontaktieren. Aber Scherze wie »Salve, Caesar, mortadella salutant« sollte man lieber vermeiden. Die meisten von ihnen verstehen Latein, das hier zum ersten Mal als liturgische Sprache zum Einsatz kommt.

Anreise und Ankunft

Wenn ein Mensch stirbt, geschieht mit ihm dasselbe wie im antiken Griechenland, nur heißt die in der Unterwelt waltende Lebensform hier nicht Hades, sondern Pluton.

Land und Leute

Bei der Einreise bitte auf römische Kleidung (Bettlaken, Decke) achten.

Promi-Wahrscheinlichkeit

Hoch. Ein Stelldichein der Stars aus Filmen und Geschichtsunterricht: Diktator Julius Caesar und der Terrorist Brutus, Sklaven-Titan Spartacus und Pontius Pilatus, Volkszähler Kaiser Augustus und der berühmte Nero, der scharfzüngige Cicero, Typen wie Caligula und Frauen wie Messalina – alle sind hier.

FAZIT

Die Römer sind die Vorfahren der Italiener. In einigen Teilen der Unterwelt wird ein leichtes Chaos herrschen, aber überall gibt es Wein, Weib und Gesang. Nur für Leute mit Latein-Kenntnissen.

✪✪

Empfehlenswert mit Einschränkungen

Der Existenzialismus

ZUR FREIHEIT VERDAMMT

DAS ERLEBT MAN HIER
Nichts.
EIGENWERBUNG
»Seit 1945 immer wieder modern«

Einführung

Die Suche nach dem Sinn des Lebens ist, als der Krieg aus ist, ein wichtiges Thema im Westen. In Frankreich ist man schon 1943 so weit, dass sich aus ein paar losen Gedanken der Existenzialismus bildet. Doch erst nach dem Fall Berlins hat man wieder Zeit, um sich darum in aller Ruhe zu kümmern.

Ausgedacht hat sich die beliebte Nachkriegsphilosophie Jean-Paul Sartre, ein in Paris lebender Schriftsteller, der nicht gut aussieht, aber raucht und eine bezaubernde Partnerin hat, die auf den attraktiven Namen Simone de Beauvoir hört und unter der man sich eine Mischung aus Mätresse und Sexluder vorstellen kann, wenn man es in Kauf nimmt, völlig danebenzuliegen. Sie ist eine hochgebildete Frau, die mindestens einen Doktor an der Sorbonne ihr Eigen nennt, hübsch ist und ebenfalls schreibt (Emanzenbücher). Vermutlich lesen sie einander im Café aus ihren Manuskripten vor, umlagert von Anhängern in Rollkragenpullovern, die eine Gauloises nach der anderen rauchen und über die Weltlage diskutieren.

»Der Mensch ist frei! Entdecke die Möglichkeiten!«, lautet Sartres Botschaft. Was er an Dingen erlebt und gesehen hat, stellt alles in Frage (Krieg). Er pfeift auf alle Philosophie, die der Menschheit nichts gebracht habe. Er hat die ganze Welt gesehen und festgestellt, dass viele Leute immer noch an Gott oder andere Wesen glauben. Das findet er doof, ist alles nur ausgedacht, und für ihn steht fest: Gott existiert nicht. Es gibt nur den Menschen.[160] Darum fordert er: man soll sein Leben selbst gestalten. Wer frei sein will, darf nicht zulassen, dass andere über ihn bestimmen. Noch mal: Alles geht vom Menschen und seiner Existenz aus. Das Dasein ist zufällig, aber jeder für alles verantwortlich. Die elementarsten Erfahrungen sind Angst, Tod, Freiheit, Verantwortung und Handeln. Wer anders versucht, sein Wesen zu bestimmen, landet bei Theorien, die nicht aus seiner unmittelbaren Erfahrung stammen, sondern erst nachher gebildet werden. Und was kann daran schon wahr sein? Nichts!

Nach einiger Zeit stimmt Sartres Kollege Albert Camus, ebenfalls Franzose und ebenfalls Schriftsteller, mit in das düstere Gejammer ein: »Warum leben, wenn doch alles sinnlos ist? Wenn wir weder in einen Gott vertrauen noch in unsere Vernunft setzen können – was bleibt dann als Sicherheit? Nichts!«

Anreise und Ankunft

Wenn ein Mensch stirbt, ist es völlig aus. Man muss nichts mitnehmen. Sein Körper zerfällt, ansonsten passiert überhaupt nichts, und man erlebt auch nichts.

Allerdings ist das Nichts, das dann kommt, bei den Existenzialisten schwärzer als anderswo und so real, dass es beinahe Substanz hat. Und das Leben ist ein Schrecken mit Ende.

Land und Leute

Kein schönes Jenseits. Die Existenzialisten haben in der Mitte des zwanzigsten Jahrhunderts das Licht eingeschaltet und festgestellt, dass es immer noch dunkel ist.

Promi-Wahrscheinlichkeit

Ziemlich doch. Da ist erst einmal Jean-Paul Sartre, der Superstar, an seiner Seite die verstorbene Simone de Beauvoir, sofort danach Albert Camus, gefolgt von Juliette Greco (angefragt) – hier muss man frankophil sein. Außerdem angeblich gesehen worden: Prozeß-Dichter Franz Kafka, Friedrich »Schnauzbart« Nietzsche, Kompliziert-Denker Martin Heidegger und schließlich auch Fjodor Michailowitsch, der als finster und menschenscheu geltenden Bestsellerautor Dostojewski.

FAZIT
Nette Leute, aber da muss man nicht hin.

✪

Nicht zu empfehlen

Der Shintoismus

DAS REICH DER SONNE

DAS ERLEBT MAN HIER
Man kommt als Geist in eine Unterwelt.
EIGENWERBUNG
»Seit 712«

Einführung

Shinto bedeutet »der Weg der Götter«. Die frühen japanischen Chroniken Kojiki (712) und Nihonshoki (aus dem Jahr 720) erklären, wie alles angefangen hat: Wie immer gibt es zuerst nur ein wüstes Durcheinander. Das Chaos hat hier sogar eine Form: wie ein Ei. Himmel und Erde sind noch nicht voneinander getrennt, also ist alles ein Brei. Dann taucht im Wasser das erste Leben auf und entwickelt sich erstaunlich schnell zu den ersten höheren Wesen. Ein paar Tage später tauchen zwei davon eine Lanze ins Meer. Von ihrer Spitze tropft Salz, das zu einer Insel gerinnt. Auf ihr lassen sie sich nieder, und so entstehen weitere Wesen, die alle noch leben. Auf den japanischen Inseln erscheinen sie als Menschen, Tiere, Berge, Bäume, abstrakte und nur schwer begreifbare Existenzen und als Gegenstände. Es gibt so viele davon, dass man sie nicht mehr in Zahlen fassen kann. Man nennt sie Kami.
Viele von ihnen halten sich in einer Gegend auf, die ziemlich hoch oben liegt. Bei gutem Wetter baut sich manchmal eine Brücke auf, die sie als Regenbogen mit der Erde verbindet. Hier herrscht ein Wesen, das mit der Sonne gleichgesetzt wird – Amaterasu Omikami, die große, den Himmel erleuchtende Göttin.
Für den Mond ist Tsukiyomi zuständig. Die Wetterlage in Sa-

chen Krieg und Frieden wird von Hachiman verantwortet. Der Reis und die Versorgung hängen von Inari ab. Das Meer und der Wind werden von Susanoo No Mikoto regiert. Daikoku, der Gott des Wohlstands, sorgt für Reichtum und ein gutes Leben.

 **TIPP** Wer sich mit ihnen gut stellen will, muss sie verehren und auf die natürliche, vorgefundene Ordnung der Dinge Rücksicht nehmen, jede Art von Beschmutzung vermeiden und sich bitte auch geistig reinigen.

Von Amaterasu Omikami stammen auch einige Menschen ab. Aus ihnen besteht die Dynastie der japanischen Kaiser, und darum zeigt Japans Flagge einen roten Ball auf weißem Grund, das Symbol der Sonne.

Anreise und Ankunft

Wenn ein Mensch am Ende des Lebens ankommt, trennt sich seine Seele vom Körper. Nun gibt es zwei Möglichkeiten, die eintreten können.

Die eine ist, dass man zu einem Seelengeist wird. Dann lebt man in Tieren, Bergen oder Flüssen ein Leben mit Unsichtbarsein, gelegentlichem Kontakt zu anderen und ein paar netten Leuten, die etwas vorbeibringen und opfern.

Die andere Möglichkeit ist viel wahrscheinlicher: dass man ins Reich der Toten zieht und nicht viel zu lachen hat. Yomi, das Wurzelland, liegt tief unter der Erde. Damit keiner entweicht und die Lebenden heimsucht, ist sein Eingang mit einem Felsen versperrt. Infolgedessen ist es hier immer finster.

 **TIPP** Besorgen Sie sich eine Lampe mit Dynamo-Betrieb (gibt's im Fachhandel), damit Sie in keinen reinlaufen.

Land und Leute

Das Jenseits des Shintoismus hat sich seinen Charme bewahrt. Viele schätzen seinen rustikalen Stil. Hier lebt man von Früchten, die eine Rückkehr in die Welt verhindern, und wird währenddessen von Würmern zerfressen. Aus dem Wurzelland kann nur der entweichen, dessen Seele ein Dämon wird.

Promi-Wahrscheinlichkeit

Gering. Die einzigen bekannten VIPs sind japanische Kaiser. Der Rest ist eher lokal berühmt.

FAZIT

Im Jenseits muss man sich immer unterordnen. Gesetze brauchen nicht immer ein höheres Wesen, um zu existieren. Stellen Sie sich das Jenseits als malerische Szenerie im alten Japan, aber ohne Kriege und Gewalt, vor. Alles atmet eine tiefe Spiritualität wie bei einer Zen-Meditation. Hier kann man's – mit ein paar Abstrichen – gut aushalten.

Empfehlenswert mit Einschränkungen

Der Konfuzianismus

AUF ZU DEN AHNEN!

DAS ERLEBT MAN HIER
Man wird ein Geist und kann viel schlafen.
EIGENWERBUNG
»Uns gibt es seit 500 v. Chr.«

Einführung

Es ist kein Zufall, dass hinter der Großen Mauer auch heute noch
Wert auf Potenz fördernde Dinge wie Walpimmel und Nashör-
ner gelegt wird. Man muss der Tatsache ins Auge sehen: Dort
wird seit Generationen mehr geschnackselt als bei uns. Sex hat
in China eine lange Tradition, und die beginnt vor mehr als
2500 Jahren. Damals, um 500 vor unserer Zeitrechung, lebt dort
ein Beamter namens Kong. Um ihn von den anderen Kongs zu
unterscheiden, die es gibt, nennt man ihn »Meister« Kong. Im
Westen wird die latinisierte Form seines Namens (Konfuzius) bekannt. Wie alle Menschen zu allen Zeiten ist Konfuzius der An-
sicht, dass früher alles besser war. Im Zentrum des Konfuzianismus (Schule der Gelehrten) steht dementsprechend der Wunsch,
das alles besser wird und alle gut miteinander auskommen.
Und das ist sein Patentrezept: Das Universum ist in Ordnung,
in einer Ordnung, die man überall im täglichen Leben findet.
Beziehungen – die des Vaters zum Sohn, die des Herrschers zum
Beherrschten, die des Manns zur Frau, die des älteren zum jün-
geren Bruder, die vom Freund zum Freund. Im Grunde eine gute
Basis für paradiesische Zustände. Doch um sie zu erreichen,
braucht die Welt noch etwas: mehr Mitmenschlichkeit. Man
nehme mehr Mitmenschlichkeit, die alles verändert und über-

Richtig selig: Im Hintergrund steht Konfuzius und winkt.

strahlt, dann wird alles gut. Zuerst verbessert man damit sich selbst, dann seine Familie und Mitmenschen, das Dorf, die Provinz, das Reich, zum Schluss einfach alles. Dann findet der Kosmos zurück in sein Gleichgewicht und zur Harmonie wie in uralten Zeiten.

Auf Harmonie baut Konfuzius auch die Regeln für das Miteinander auf. In ihnen zählen am meisten die gegenseitige Liebe (Ren), die Rechtschaffenheit (Yi), die Gewissenhaftigkeit und Gefügigkeit (Zhong), die Gegenseitigkeit (Shu) und die Ehrlichkeit (Zhi). Er sagt: Verehre deine Eltern und die Vorfahren (Xiao), sei immer höflich, beachte Sitte, Anstand und Etikette (Li) und tu niemandem was an, was du dir nicht auch selber zufügen würdest.

Anreise und Ankunft

Wenn ein Mensch stirbt, trennt sich seine Seele vom Körper. Sie verbringt ihr weiteres Dasein in einem Schlaf, der aber nicht tief oder fest ist. Ab und zu kann sie nämlich mit ihrer Familie in Kontakt treten, wenn zum Beispiel ein Orakel angerufen und befragt wird. Manchmal kann sie sogar wieder zu vollem Leben erwachen.

Wenn man hier sagt »die Seele geht zu den Ahnen«, ist damit ein friedvoller, total relaxter Zustand gemeint, in dem man selig vor sich hin döst und endlich mal richtig ausschläft. Hier ist man nach dem Tod noch voll integriert und ein wichtiger Teil der Gemeinschaft. Der eigene Name wird auf eine Ahnentafel geschrieben, und unter Umständen bekommt man sogar mit, wenn wichtige Familienangelegenheiten vor ihr besprochen werden.

 In vielen asiatischen Restaurants stehen drei Porzellanfiguren – Laotse, Konfuzius und Buddha. Weil im Lauf der Zeit ihre Religionen zu etwas verschmolzen sind, das man Chinesischen Universalismus nennt, wachen dort alle zusammen über die gute Qualität von M 4 scharfe Suppe.

Feste und Feiertage

Am 4. oder 5. April feiert man in Hongkong das Totenfest Qingming (Qingming bedeutet helles Licht). Dann besuchen Leute die Friedhöfe und bringen den Vorfahren und Lieben Essen, Blumen, Räucherstäbchen oder Sachen ans Grab, die dem Verstorbenen viel bedeutet haben. Dazu verbrennt man extra hergestelltes Totengeld. Echtes Totengeld gibt's auch im Kassenbereich vieler Asienshops. Ein dickes Bündel davon kann man im Jenseits des Konfuzianismus immer brauchen.

Land und Leute

Sex: Allerdings ist der Zustand im Jenseits hier nicht sehr stabil. Um ihn aufrechtzuerhalten, ist die Seele auf Opfer angewiesen. Wer reich ist und oder viele Nachkommen hat, hat hier die besten Karten und bekommt sogar einmal im Jahr Besuch.

Promi-Wahrscheinlichkeit

Den Umständen entsprechend mäßig. Eigentlich alle Chinesen, jedenfalls die alten. Konfuzius kennt jeder, und wahrscheinlich wollen ihn so viele sehen, dass sein Terminkalender voll ist.

FAZIT

Alles atmet eine große Harmonie. Die Welt ist mit allem im Einklang. Man durchschaut alles intuitiv. Nette Atmosphäre, die niemand dominiert. Hier kann man es gut länger aushalten.

✪✪✪

Empfehlenswert

Das Umbanda

DIE ENERGIE DES LEBENS

DAS ERLEBT MAN HIER
Man wird ein Geist und lernt dazu.
EIGENWERBUNG
»Bueno seit 1920«

Einführung

Umbanda kommt aus Brasilien. Auf seinen Altären stehen die aus dem Christentum entliehenen Statuen der Heiligen Cosmas und Georg, des Drachentöters, direkt neben höheren Wesen wie Pai João, der meistens Zigarren raucht. Aber die Darstellung höherer Wesen ist immer nur symbolisch. Niemand erwartet, dass das Jenseits wirklich wie auf Ölbildern aussieht. Die Wahrscheinlichkeit, dass Gott einen Bart hat, ist daher auch hier äußerst gering. Sein lustiges Aussehen – im Sinne von lebensfroh – täuscht. Umbanda braucht keine Hühnerfedern, Opfer und Tänze. Hier weiß man, dass alles Materielle aus Energie besteht, der »Massenenergie«. Das kommt durch ein überall vertretenes, aber unsichtbares Wesen, das sich um alles kümmert.

Es ist der Typus eines überweltlichen Geistes, der ewig existiert, ein absolut perfektes Bewusstsein hat und alles weiß. Es hat dafür gesorgt, dass in jedem Sonnensystem und auf jedem Planeten einer seiner Vertreter arbeitet; auf der Erde zum Beispiel ein Wesen namens Ishovara. Dieses Wesen gibt den Menschen ihre Gesetze. Sie heißen Aumbhandhan und sind die universalen Gesetze von Zeit und Raum. Mensch, Erde, Mond, Sterne, Weltraum und auch eine Tüte Chips sind eine spezielle Art von Energie, die nur ihre Form ändert.

Anreise und Ankunft

Die Seele des Menschen ist natürlich unsichtbar. Wenn man stirbt, trennt sie sich vom Körper und wandert als geistiger Organismus in eine andere Dimension. Einige Zeit verbringt man hier als Geist, bevor es weitergeht. Ziel des Ganzen ist, seine eigenen Fähigkeiten zu entdecken und weiter auszubauen, bis man zu einem höheren Wesen geworden ist. Andere, die sich auf demselben Level befinden, helfen einem dabei. Das macht man ein paar Jahre, dann heißt es Wiedergeburt.

Weil die Seele des Menschen noch nicht aufgeblüht ist, muss sie Erfahrungen machen und braucht einen Körper, in dem sie ihr Bewusstsein weiter auf Höchstleistung trimmt. Ihr Endziel ist das ewige Leben als Geist. Bis das eines Tages einmal erreicht ist, wird man wiedergeboren, in dieser oder einer anderen Welt.

Land und Leute

Außer Menschen gibt es noch andere Lebensformen. Von den höheren ist eine für Donner, Blitz und Gerechtigkeit zuständig (Xangô), andere stammen aus verschiedenen Ethnien. Es gibt Götter der Indianer (O Guerreiro, der weiße Krieger), aber häufig sind es auch Verstorbene, die wieder erscheinen und mit allerhand Aktivitäten beginnen. Wenn man Glück hat, kehren sie aus Nächstenliebe zurück, als alte, schwarze Sklaven (Preto Velho), Geister von Kindern (Crianças), Seeleute (Marinheiros), Rinderhirten und Viehtreiber (Boiadeiros), oder negative Lebensformen (Pombagiras), die sich und die anderen quälen.

Außerdem gibt es hier auch Dämonen (Exus).

**TIPP** Wer sich bei seinen Lieben daheim melden will, kann sie vom Jenseits des Umbanda aus kontaktieren. Finden Sie heraus, welches Medium in ihrer Nähe arbeitet. Mit etwas Glück kann man dabei sogar den Körper des Mediums besetzen.

Promi-Wahrscheinlichkeit

Null.

FAZIT

Das alles ist sehr fremdartig, aber okay, wenn einem damit geholfen wird … Ansonsten ein fröhliches, schwereloses Umherschweben, bei dem man mit Superkräften ausgestattet wird. Macht sicher Spaß.

❂❂

Empfehlenswert mit Einschränkungen

Die Yanomami und Maori

FREIHEIT GEHT DURCH DEN MAGEN

DAS ERLEBT MAN HIER
Man ist als Geist im Urwald unterwegs.
EIGENWERBUNG
»Seit vielen Jahren geöffnet«

Einführung

Yanomami bedeutet »Mensch«, und die so heißen, sind das größte Volk der Erde, das im Regenwald wohnt, im Grenzgebiet zwischen Venezuela und Brasilien. 24 000 Indianer stehen unter der Aufsicht von Helfern, Forschern, Anthropologen, die sie beobachten. Wie in allen Religionen gibt es auch dort am Anfang der Zeit keine Menschen, aber höhere Lebensformen, die miteinander klarkommen müssen.

Bei ihnen klappt das nicht richtig, und als eines Tages der Mondgeist auf die Erde herabsteigt und versucht, die Nachkommen der anderen zu jagen und ihre Seelen zu fressen, kommt es zu einem Scharmützel mit Pfeil und Bogen, bei dem richtiges Blut fließt – das des Mondgeistes nämlich. Aus seinem Blut, das auf die Erde tropft, entstehen die ersten Menschen, die »Blutmänner«. Aus dem linken Bein eines von ihnen entspringen die ersten Frauen. Damit ist die Schöpfung vollendet. In ihr gibt es auch helfende Geister, die für Kranke da sind, und welche, die man durch das Schnupfen einer Droge erreichen kann. Behinderte Kinder und Mädchen werden nach der Geburt getötet, Frauen raubt man in den anderen Dörfern, denn die machen es genauso, starke und angesehene Männer können mehrere Frauen glücklich machen und haben, alle laufen bis auf eine Schnur um die Hüfte, ohne die sie sich nackt fühlen, hüllenlos herum, und Männer binden sich gern den Penis hoch.

Anreise und Ankunft

Wenn ein Mensch stirbt, wird sein Körper verbrannt, sein Skelett zermahlen, der Rest in Kalebassen aufbewahrt und ein Stammesmitglied dazu gebracht, einen Monat lang zu trauern.

Essen im Urwald: Eine Seele (hinten rechts) wird frei.

Die Seele ist ein Wesen, vor dem alle Angst haben. Als Totengeist ist sie nach wie vor im Urwald unterwegs, kann Krankheiten unter den Menschen verbreiten und ist kein netter Typ. Das findet auch ihr Stamm, der einmal im Jahr eine Totenfeier veranstaltet.

Da werden die Überreste des Toten – die aus der Kalebasse – mit Bananenbrei vermischt und aufgegessen. Erst dann ist sie frei und kann weiterziehen.

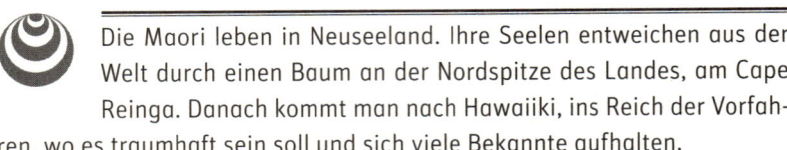

Die Maori leben in Neuseeland. Ihre Seelen entweichen aus der Welt durch einen Baum an der Nordspitze des Landes, am Cape Reinga. Danach kommt man nach Hawaiiki, ins Reich der Vorfahren, wo es traumhaft sein soll und sich viele Bekannte aufhalten.

Land und Leute

Abenteuerlich und aufregend.

Promi-Wahrscheinlichkeit

Äußerst gering. Wenige Yanomami werden berühmt und Maori auch nicht.

FAZIT

Im Urwald kennt man sich nicht aus. Dann schon lieber zu den Maoris. Dürfte bloß schwer sein, als Seele ohne Flugerfahrung den Weg nach Neuseeland zu finden.

Empfehlenswert mit Einschränkungen

Die Sikhs

DAS ERLEBT MAN HIER
Man kommt zu Gott und wird glücklich.
EIGENWERBUNG
»Your special afterworld since 1539«

Einführung

Seinen Ursprung nimmt das alles in Kaschmir, einer gebirgigen Grenzregion zwischen Indien und Pakistan. Dort proklamieren Gurus (geistige Lehrer) »die Einheit des Gottes, der Bruderschaft der Menschen, die Rückweisung der Kasten und die Sinnlosigkeit der Idolanbetung«. Einer der Gurus (Granth Sahib) erklärt: »Ich faste nicht und begehe nicht den Ramadan, mache keine Wallfahrt nach Mekka, vollziehe keine Rituale und bete nicht in den heiligen Schreinen der Hindus. Gott erteilt Gerechtigkeit an Hindus und an Muslime, und ich diene nur einem. Ich habe den formlosen Schöpfer in meinem Herzen aufgenommen, und dort verehre ich ihn voller Demut. Mein Körper und mein Lebensatem gehören dem Gott aller, Allah und Rama, der mich am Ende beschützen wird.«
Gott, der alles erschaffen hat, besitzt viele Eigenschaften, die alle so transzendent sind, dass man sie am besten in einem Mantra beschreiben kann. Mantra (Sanskrit) bedeutet »heiliges Wort«. Sowohl einzelne als auch Ketten davon werden als Beschwörungs- oder Meditationssilben verwendet.
Dank ihres ersten Gurus Nanak haben die Sikhs auch eins, das Mul Mantra, das Wort, das allem zugrunde liegt. Und wenn man nach ihm geht, ist die höchste Lebensform unfassbar, zeitlos

und absolut. Sie ist furchtlos, ohne Übelwollen oder schlechte Laune.[161] Wie Gott ist, kann man also nicht wirklich begreifen. Aber wer will, kann ihm schon zu Lebzeiten näher kommen. Den Weg haben die Gurus der Sikhs aufgezeigt.[162] Wer ihn gehen will, muss für andere Leute und ganz vorurteilsfrei da sein. Er muss Menschen aufrichtig gern haben und seine Gedanken immer wieder um das höchste Wesen kreisen lassen. Respekt spielt auch eine Rolle. Frauen sind gleichberechtigt. Frauen und Männer müssen nach einem Leben in Einklang mit der Schöpfung streben. Der Weg lohnt sich, denn an seinem Ende steht ein hohes Ziel, und wenn man währenddessen eine Menge guter Taten begeht, wird man »ein Heiliger«.

Anreise und Ankunft

Wenn man stirbt, trennt sich die Seele vom Körper. Und jetzt kommt das Beste: Jeder kommt in den Himmel! Das Jenseits der Sikhs besteht in der Rückkehr zum Einen – Gott, Brahma, Vishnu, Allah usw. Zu ihm kommen alle, gut oder böse, ungeachtet ihrer Religionen, Hautfarben, Geschlechter. In ihm geht die Seele auf wie Eigelb im Kuchenteig. Großes Glück, tiefer Friede, Lieben und Geliebt-Werden und so weiter folgen. Eintritt frei.

Land und Leute

Alles bestens, und zwar für immer.

Promi-Wahrscheinlichkeit

Sikhs erkennt man an ihren langen Haare und/oder einem Turban, den sie wie ein alter Maharadscha tragen. Stolz schreiten sie hier herum. Super-Promis mit Kultstatus sind natürlich die Gurus. Wahrscheinlich sehen sie noch prächtiger aus als die ohnehin stattlichen Verstorbenen. Gott, Brahma, Allah und so weiter ist natürlich auch prominent, aber den trifft man hier ständig.

FAZIT

Ein schöner Ort, an dem man gut ausspannen kann. Angenehme Atmosphäre, gutes Essen und schöne Frauen. Viel Spaß in einer rein geistigen Existenz. Nur wenig von Westlern besucht und darum noch sehr ursprünglich.

✪✪✪
Empfehlenswert

Die Vereinigungskirche

NUR FÜR MITGLIEDER

DAS ERLEBT MAN HIER
Man kommt in eine Hölle.
EIGENWERBUNG
»Seit beinahe 100 Jahren geöffnet«

Einführung

Wir alle sind Kinder des Bösen. Der Grund: Adam, der in den mosaischen Religionen erwähnte erste Mensch, tummelt sich eine Zeitlang im Paradies, begeht dann aber die erste Sünde und wird als erster Mensch der Welt irgendwo rausgeschmissen. Er zeugt eine Menge Kinder, und alle tragen seine Gene, in denen die teuflische Erbsünde verankert ist, seitdem in sich. Die Aufgabe jedes Menschen ist es, fruchtbar zu sein, sich zu vermehren und die Erde zu erobern – in dieser Reihenfolge.[163]

Und Gott will noch mehr. Er will, dass jeder eine Familie gründet, die vollkommen ist. Und dass alle dann eine vollkommene Welt aufbauen. Jesus soll damit anfangen und der erste perfekte Papa der Welt werden. Durch seinen Tod kommt er nicht mehr dazu, den Willen des Schöpfers zu erfüllen.

Aber dann gibt es Hoffnung, und sie ist *made in Korea*. 1935 erfährt dort ein Mann namens Sam Myung Mun, der ohne Erbsünde ist – wie immer man das auch feststellen kann –, dass man die Menschen im zwanzigsten Jahrhundert befreien kann. Er nimmt seine Mission an, auf und ernst. Sein Ziel ist die Vereinigung aller Kirchen und das Herausstellen der Sache mit der Familie. Dabei hilft ihm seine Frau.

Beide sind Menschen ohne Erbsünde, und durch sie kann jeder auch einer werden.

Sitten und Gebräuche

Man muss nur einen Tropfen von ihrem Blut trinken, der in vielen Hektolitern Wein aufgelöst ist. Dann wird man reingewaschen und ein Teil der wiederhergestellten, himmlischen Blutslinie. Wer das getan hat, ist »in«. Wenn ein Mann und eine Frau

Ganz hinten links geht's zur Vereinigung. Achtung: Unterwegs sauber bleiben!

der göttlichen Blutslinie heiraten, entsteht die geforderte gesegnete Familie. Ihre Kinder haben zwar Namen wie Dagmar und Jürgen, heißen aber »gesegnete Kinder«. Meist geht es in der Szene ums Ehelichen und Massenhochzeiten. Die Kinder dürfen heiraten, wenn ihre Eltern oder sie selbst sie dafür bereitfinden, aber Außenstehende kriegen dort keinen Fuß in die Tür. Sie stammen ja alle noch von der satanischen Blutlinie ab.

Anreise und Ankunft

Nach dem Verlassen dieser Welt kommen die Mitglieder dieser Religion in den Himmel. Alle anderen in die Hölle.

Land und Leute

Wer sich mit Außenstehenden einlässt, ist gefallen und wird nie wieder rein. Außer sie soll man auch Alkohol, Drogen und Tabak meiden, die den Körper kaputt machen und dazu bringen, im Suff das Reinheitsgebot zu brechen.

Promi-Wahrscheinlichkeit

Teilweise hoch. Nur geringe Vorkommen im Himmel (Herr Mun), absolut jeder andere ist in der Hölle.

FAZIT
Die sollen lieber unter sich bleiben.

✪

Nicht zu empfehlen

Das Vajrayana

INS HELLE LICHT

DAS ERLEBT MAN HIER
Man wird ein Geist und sieht verschiedene Lichter.
EIGENWERBUNG
»Seit 700 nach Christus«

Einführung

Vajrayana, Diamantenes Fahrzeug – so nennt man in Tibet ein erprobtes Verkehrsmittel, auf dem jeder mitfahren kann und das einen richtig locker das beliebte Ziel erreichen lässt: die Erleuchtung. Erleuchtung ist nicht die beste Übersetzung für das mittelindische Wort bodhi, aber die bekannteste. Erleuchtung ist das Erkennen der wahren Natur der Welt. Das kann man durch Meditation erreichen, zum Beispiel durch Versenkungen mit Hilfe von Mantras. Das Mantra wird im Einklang mit der Ein- und Ausatmung im Geist wiederholt und dient der Konzentration. Das bekannteste lautet »Om Mani padme hum«, Ehre sei dem Edelstein im Lotus.
Der tibetische Buddhismus ist aus dem Mahayana entstanden. Auch hier leben infolgedessen Menschen und alle anderen in einem Kreislauf der Wiedergeburt.

Das Tibetische Totenbuch

Im achten Jahrhundert gibt ein Lehrer des Diamantenen Fahrzeugs ein Manuskript heraus, das voll und ganz in tibetischen Schriftzeichen geschrieben ist und sich speziell mit diesem Thema befasst. Damit können sich Mönche und Gelehrte auf das vorbereiten, was noch kommt – die eigene Wiedergeburt. Er lehrt sie, wie sie gezielt in ihren Ablauf eingreifen können. Sein Originalname lautet Bardo Thödrol, das heißt »die große Befreiung durch Hören in den Bardos«. Ein Bardo ist ein Zwischenzustand, der immer dann eintritt, wenn man von einer in die andere Realität überwechselt. Weil das nicht oft passiert, gibt es nur drei dieser Zustände. Den Zustand zwischen Geburt und Tod. Den Zustand im Schlaf (Bardo des Schlafs und der Träume). Und den Zustand der Meditation.

Anreise

Beim Sterben ziehen sich die vier Elemente aus dem Körper zurück. Man wird kraftlos (Erd-Element), der Urin dick (Wasser), die Temperatur in Armen und Beinen niedriger (Feuer) und das Einatmen kürzer (Luft). Meistens ist dabei der Geist verwirrt und kann Kaltes von Warmem nicht mehr unterscheiden. Dann tritt der letzte Atemzug ein, und man versinkt in einer friedvollen Dunkelheit.

Achtung! Nach dem medizinischen Tod ist das Bewusstsein noch ein paar Tage im Körper. Sorgen Sie dafür, dass der nicht berührt wird! Sonst können einen Reize beeinflussen, und man macht vielleicht etwas Wichtiges falsch. Erst 36 Stunden nach dem Sterben trennt sich der Geist von der Materie.

Wenn man erfolgreich und viel meditiert hat, verlässt der Geist den Körper durch eine nicht sichtbare Öffnung im Scheitel. Dann kommt man in eine überweltliche Sphäre, in der man Äonen lang meditieren, anderen Wesen helfen und glücklich sein kann. Bei allen anderen haut der Geist durch eine Körperöffnung, den

Nabel oder eine Stelle zwischen den Augenbrauen ab. Dann wird man ein Lebwesen in einer gleichwertigen, höheren oder niedrigeren Ebene.

Ankunft

Dann ist die Dunkelheit auf einmal weg – und man ist wach. Jetzt sieht man ein ungeheuer helles Licht, das Licht der eigenen, reinen Bewusstheit. Wenn man sich mit ihm vereint, läuft alles prima. Dann entdeckt man seine wahre Natur – die Buddha-Natur –, knipst jede Vorstellung einer Persönlichkeit aus und wird erleuchtet. Jetzt ist völlig klar: Ich habe das Ende der Wiedergeburten erreicht, den unbeschreibbaren, aber glücklichen Zustand des Nirwana, eine feine Sache.

Wiedergeburt

Die meisten haben vor dem Licht Angst und weichen aus. Als Folge werden sie wiedergeboren. Und das läuft so ab: Man nimmt einen Körper an, der geisterhaft ist und dem gleicht, den man beim Träumen hatte. Man kann damit überall hindurchgehen, hat aber nur begrenzte Möglichkeiten und ist machtlos. Instinktiv rudert man durch Raum und Zeit und wird mit Erinnerungen, Erlebnissen, Momenten, Taten, Worten und Gedanken des vergangenen Lebens konfrontiert. Sie kommen und gehen wie Halluzinationen. So schrecklich sie auch sein mögen, sie sind nicht real. Keine Panik.

Danach tauchen verschiedene Lichter auf – trübe und farbige. Die einen ziehen einen an, die anderen stoßen einen ab. Das sind Türen zu den jeweiligen Daseinsebenen. Viele führen auch zu Götterwelten. Feine Sache. Aber auch dort sind alle Wesen sterblich. Wohin es einen zieht, bestimmt vor allem das Karma.

Land und Leute

Der Dalai Lama ist ein Mann, der in der Vergangenheit (vor mehreren Geburten) zu einem Meister der Versenkung geworden ist
und seitdem gezielt als Mensch wiedergeboren wird – aber sonst
ganz normal. Er ist ein Tulku – zum Tulku kann jemand werden,
der intensiv meditiert, sich einen eigenen Körper schafft – eine
bewusste Projektion des Geistes (Tulku) – und in ihm wiedergeboren wird.

Promi-Wahrscheinlichkeit

Wer hier ist, ist »in«. Richard Gere, Cindy Crawford, Tina Turner
und der Vater von Uma Thurman (angefragt) – im vor allem me-
ditativ erfahrbaren Jenseits sind Gott (sic!) und die Welt, aber auf
gar keinen Fall der Dalai Lama. Der wird nämlich, weil er es so
will, seit mehreren Jahrhunderten als Mensch wiedergeboren.

FAZIT
Klingt plausibel.

✪✪✪
Empfehlenswert

Die Aborigines

DAS ERLEBT MAN HIER
Man kommt in ein Paradies und unter die Erde.
EIGENWERBUNG
»Seit Tausenden von Jahren geöffnet«

Einführung

1770. Australische Ureinwohner beobachten einen Mann, der am Strand ein Stück Stoff an einem Stock trägt. Captain James Cook, der sie auf seiner Weltumsegelung entdeckt hat, gibt ihnen den Namen Aborigines, weil »ab origine« im Englischen von Beginn an bedeutet und sie wirklich schon lange vorher, also vor ihm, da sind. Genauer gesagt, seit der Traumzeit. Und die beginnt weit vor der Schöpfung.

Am Anfang ist alles wüst und leer, herrschen Ebbe und Flaute. Ein paar Jahre später entstehen die ersten Lebensformen; es sind höhere Wesen, die aus der Erde kommen: Yurlunggur, die Regenbogenschlange, die Laubenvogel-Frau und der Känguru-Mann. Sie haben eines gemeinsam, sie sind schöpferisch veranlagt. Als Erstes erschaffen sie Berge und Felsen, Bäume und Wasserlöcher, Tiere und Menschen. Sie teilen das Land unter ihnen auf, bringen ihnen bei, wie man darin lebt, und schärfen ihnen ein: Menschen stehen auf derselben Stufe wie Tiere, Pflanzen und Naturerscheinungen. Also nix drauf einbilden. Dann gehen sie als Ahnengeister wieder in die Erde ein, sind aber noch immer vorhanden und lenken, was sie wollen. Eingänge in ihre Welt findet man in Wasserlöchern oder Höhlen.

Seitdem steht das Land, dem sie unsichtbare Kräfte anvertraut haben, im Fokus ihrer Aufmerksamkeit. Es verbindet die Aborigines mit ihren Vätern, sich selbst und ihren Kindern. Sie müssen es für die Verstorbenen, Lebenden und nächsten Generationen bewahren und an heiligen Stätten, zum Beispiel auf dem Ulruru, dem Ayers Rock, Zeremonien durchführen. Wer sein Land verliert, verliert im übertragenen Sinn auch seine Seele.

Anreise und Ankunft

Wenn ein Mensch stirbt, ist das meist nichts Natürliches, sondern das Ergebnis der bösen Absicht eines anderen. Bestimmt von jemand außerhalb der eigenen Gruppe. Seine Seele zerfällt in zwei Teile. Der eine Teil wandert zu fernen Inseln oder in den Sternenhimmel und kommt in ein Paradies, in dem seine Vorfahren und viele mystische Kreaturen aus der Vorzeit leben. Der andere Teil der Seele geht in die Erde ein und verschmilzt mit den unterirdisch lebenden Lebensformen, den Schöpfern aus der Traumzeit. Aber auch hier bleibt niemand für immer. Nach einiger Zeit wird man als Tier, Pflanze oder Mensch wiedergeboren.

Land und Leute

Wer wiedergeboren werden will, muss einen Mann in Trance an einem Wasserloch begegnen, in ihn reinschlüpfen und anschließend durch ihn in den Leib einer Frau kommen. Dann wird sie schwanger und man ein »Geistkind«.

Promi-Wahrscheinlichkeit
Keine.

FAZIT

Sehr fremdartiges Jenseits, an das man sich kaum gewöhnt. Wenn man nicht drauf steht, ist jedes Jenseits mit einem konkreten Glücksversprechen vorzuziehen.

✪

Nicht zu empfehlen

Die Naturvölker

DAS ERLEBT MAN HIER
Man wird ein Geist und hat viel zu tun.
EIGENWERBUNG
»Schon immer geöffnet«

Einführung

In Afrika erfüllen viele unsichtbare Lebensformen die Aufgabe von Engeln oder Dämonen, sind also gut oder böse und nur selten gemischt. Alle können das Leben des Menschen nachhaltig beeinflussen. Naturgeister leben im Himmel, in Bergen, Steinen, Bäumen und Flüssen. Sie haben die Macht über den Regen und lassen die Ernte reich oder mager ausfallen. Wer die richtigen Zeremonien kennt, kann sogar Fische dazu bringen, ins Netz zu gehen.

Gute Geister sind gerne bereit, lebende Menschen zu unterstützen. Sie verlangen dafür, dass sie sich ordentlich benehmen, und meistens ist damit die Pflege von Traditionen, Werten und Verhaltensweisen gemeint. In dieser Hinsicht darf man nichts falsch machen, sonst ziehen sie sich zurück, und es gibt eine Trockenheit, oder alle werden krank und müssen sterben. Dafür können aber auch böse Geister verantwortlich sein. Sie kommen immer zum Vorschein, wenn man Verhaltensfehler an den Tag legt oder wenn sie einen angreifen. In diesem Falle rasch die guten Geister der Verstorbenen anrufen und sie um Hilfe bitten!

Anreise und Ankunft

Wenn ein Mensch stirbt, lebt er in unsichtbarer Form weiter – als Geist, den man human spirit oder ancestral spirit nennt. Lebende Ahnen sind weiterhin an ihren Familien, den Hinterbliebenen, Enkeln und so weiter interessiert. Wer genug Nachkommen hat, kann Kindern vom Jenseits aus helfen und dafür sorgen, dass alle genug zu essen haben, Haustiere von Krankheiten heilen und sie vor Unglück beschützen.

In Madagaskar lebt man weiter

Wenn ein Mensch stirbt, wird er dort ein Ahne (madagassisch: Razana). Das heißt aber nicht, dass er nun richtig tot ist. Auch wer begraben ist, lebt weiter. Mehr oder weniger munter kann man als Toter das Leben der Angehörigen beeinflussen, sich einmischen und Unglück verursachen. Wenn das passiert, braucht man einen Spezialisten und findet ihn im Ombiasy, dem Hexendoktor. Der kann den Verblichenen fragen, warum er unruhig ist. Kann sein, dass in der Nähe eine Sünde begangen wurde, dann spricht er ein Tabu aus und ordnet an, dass der Begrabene besänftigt werden muss. In einer rituellen Feier (madagassisches Totenwendungsfest Famadihana) wird er wieder ausgegraben, umgedreht und in die Grube zurückgelegt. Danach ist die Sünde vergeben. Damit niemand mit den Toten auf dem Boden schlafen muss, werden dort die Häuser mehrstöckig gebaut.

Neues von der Seelenwanderung

Bei den Kajoro, einem Volksstamm im Niger, muss die Seele auf der Reise ins Jenseits einen Strom überqueren – auf einer Brücke.

Land und Leute

Der Rest des Jenseits bei Naturvölkern: Die Payaguas in Südamerika wissen, dass ihre Seelen nach dem Tod im Kessel über ein Feuer gehängt werden. Die Indianer am Orinokko nehmen die Geister in der Nähe der Gräber wahr, die Kiwai-Leute in Neuguinea direkt neben den Verstorbenen in der Erde. Bei den Bondei (Ostafrika) gehen die Seelen durch ein eisernes Tor in einen Berg.

Promi-Wahrscheinlichkeit

Hoch, sofern es sich um Verwandte handelt. Aber: keine VIPs, keine Super-Promis.

FAZIT

Geisterhaftes, hochverehrtes Residieren im Jenseits, in dem man über magische Fähigkeiten verfügt. Hier muss man artig bleiben, hat aber auch eine Menge Spaß.

✪✪✪
Empfehlenswert

Der klassische Buddhismus

DIE LEHRE DER ERFAHRENEN

DAS ERLEBT MAN HIER
Das Leben läuft wie ein Film ab, dann wird man wiedergeboren.
EIGENWERBUNG
»Seit mehr als 2500 Jahren geöffnet«

Einführung

Manche Buddhisten sind gut darin, ihren Geist nicht treiben zu lassen, sondern zu trainieren. Die Methode dafür entwickelte irgendwann im Mai 589 vor Christus Siddharta Gotama, 33. Der aus gutem Hause stammende Yoga-Experte und Fürstensohn präsentiert bei einem ersten Vortrag einem indischen Tierpark einen Teil der Entdeckungen, die er gemacht hat: ganz neue Meditationsformen, die wie eine Granate einschlagen. Durch sie ist es möglich, bis hinter die Grenzen der Realität zu gelangen.
»Die normale Realität« bedeutet: Die Welt ist das, was man wahrnimmt. Es gibt nichts Beständiges. Der Mensch hat keine unsterbliche Seele in sich, sondern eine Energie, die stabil erscheint, aber nur das Flirren von Billionen Wahrnehmungen und Gedankenmomenten ist.
Alle Wesen sind im Kreislauf der Wiedergeburt eingebunden. Gedanken, Hoffnungen und Wünsche sind Wahrnehmungen, aber sie haben keine richtige Wirklichkeit.
In Thailand, Myanmar (Burma) und Sri Lanka (Ceylon) ist seine Lehre in ihrer ältesten Form erhalten. Der Name dieser Richtung, Theravada, »der Weg der Ordensältesten«, deutet an, dass es sich um eine Tradition handelt, in der Mönche die Hauptrolle spielen. Die müssen sich seit 2500 Jahren meistens im Klos-

ter aufhalten, eine Unmenge von Verhaltensregeln befolgen und viel meditieren (tun aber nicht alle). Themen sind hier Karma und Wiedergeburt, höhere Geister und sterbliche Götter, Lernen und Wissen – jede Menge Selbsterfahrung. Denn Buddha sagt, man soll nicht blind an Überlieferungen, Offenbarungen, heilige Schriften oder an ihn glauben, sondern alles selbst erforschen und beurteilen.[164]

Das Leben: Die Hausordnung

Die sehr lange Zeit zwischen der expansiven und der destruktiven Phase des Weltalls nennt man »Weltzeitalter«, Sanskrit kalpa. Das Weltzeitalter, in dem wir uns befinden, wird noch ein paar Millionen Jahre halten; in seinen Tiefen gibt es – sowohl räumlich als auch zeitlich gesehen – viele bewohnte Sonnensysteme wie unseres. Die sind einfach da ohne Schöpfer. Stattdessen ist es der Geist, der alles lenkt. Es gibt viele Menschen, Tiere und unsichtbare Daseinsformen, aber alle sind sterblich. Nach dem Tod kann man alles Mögliche werden, aber nur auf Zeit. Dass das so ist, hängt mit dem Karma zusammen.

Reisevorbereitung

Wenn man stirbt, trennt sich das Geistige vom Körper. Die Sinneseindrücke lassen nach. Das Bewusstsein sinkt in einen Strom des Unterbewussten hinab. Die Show beginnt. Blitzschnell erscheint ein Gedankenmoment und führt einem etwas vor, den eigenen Lebensfilm oder ein Symbol zum Beispiel.
Viele sehen im Moment des Sterbens aber auch Wesen. Dann erscheinen zum Beispiel höhere Lebensformen in prächtigen Kutschen, die einen abholen wollen (Götter). Oder man sieht bereits verstorbene Verwandte, die irgendwo stehen, winken und einen rufen.

Wer ihnen folgt, wird auch als Mensch wiedergeboren. Man sieht einen dichten Urwald, wenn man im nächsten Leben ein Tier wird. Behaarte Wesen wahrnehmen oder ein Glühen ist ein Symbol für das Reich der Gespenster. Ein Feuer lässt auf eine Wiedergeburt in einer Welt schließen, in der man immer nur gequält wird.[165]

Dann tritt die eigene Reaktion auf den Lebensfilm oder das Symbol ein. Das ist ein weiterer Gedankenmoment, der letzte in diesem Leben. Nur von ihm hängt es ab, wo man jetzt hinkommt, denn er wird zum Ursprung des ersten Gedankenmoments im neuen Dasein. Nach der Zeugung fällt dann das Wesen ins Unbewusste. Ein Seh-, Riech-, Denkbewusstsein etc. tritt erst auf, wenn sich die Sinnesorgane entwickelt haben. Im nächsten Leben kann man sich dann nicht mehr an das vorhergehende erinnern – jedenfalls meistens.

Anreise

Man kann auch nach dem Tod in einer Welt erscheinen, über der ein ständiges Zwielicht hängt. Im Reich der Abgeschiedenen (Peta), der unsichtbaren Geister oder Gespenster, landen die meisten Menschen. Sie leben hier ein paar Jahrzehnte lang recht einsam und unglücklich und haben keinen Kontakt zu anderen. Lebende Menschen können einem das Leben erleichtern, wenn sie opfern und beten; bei den Armen Seelen im Katholizismus ist das genauso. Und dann wird man wiedergeboren.

In einer Hölle

Wer aufgrund seiner Untaten in eine Hölle kommt, hat hier noch mehr zu leiden. So lange, bis das gesamte negative Karma, das ihn hierhergebracht hat, keine Wirkung mehr hat. Und dann wird man wiedergeboren.

Als Tier

Als Tier hat man ein kurzes, aber anstrengendes Leben. Triebe, Ängste und Sorgen jagen einen quer durch den Tag, die Suche nach Nahrung steht im Vordergrund, und man folgt seinen Instinkten. Und dann wird man wiedergeboren.

Als höhere Lebensform

Bei dieser Ebene der Wiedergeburt erscheint man einfach so – pling – als feinstoffliches Wesen. Jetzt ist man ein Deva, ein »Strahlender«, und kann das Leben auf der Erde wahrnehmen, aber wenig beeinflussen. Lebenserwartung: Mehrere hunderttausend Jahre.

Es gibt verschiedene Himmel. Viele Wesen haben einen eigenen, fliegenden und für Menschen unsichtbaren Palast, in dem ständig eine Party mit netten, gut angezogenen Leuten wie aus der Zigarettenreklame stattfindet.

Man fühlt sich glücklich, lacht viel und wird niemals krank; dabei denkt man allerdings auch nicht viel nach und verblasst eines Tages. Und dann wird man wiedergeboren.

Als Mensch

Grund zur Freude – Menschen spüren ein ausbalanciertes Mittelmaß an Freude und Leid und haben die größten Chancen, das Rad des Samsara anzuhalten. Dann erreichen sie das Nirwana.

Ankunft – Das Nirwana

Ein unvergänglicher, unbeschreibbarer Zustand jenseits der Wiedergeburt, der nicht entstanden, aber vollkommen ist. Nirwana heißt Verwehen, Buddhas große Entdeckung. Ein Glück jenseits der Wahrnehmung, dessen Existenz viele bestätigen, die in tiefe Grade der Selbstversenkung getaucht sind – und dann wird man nicht mehr wiedergeboren. Das zu erreichen, ist das höchste Ziel. Schiefgehen kann nichts. Wer's nicht schafft, aber gut ist, wird im nächsten Leben eine höhere Lebensform. So geht's: Kein Lebewesen töten, nicht lügen, nicht stehlen, niemanden missbrauchen und sich nicht berauschen. Achtsamkeit[166] und gute Taten, Worte und Gedanken, Meditation, Weisheit und Güte.[167]

Land und Leute

Ceylon, 500 nach Christus: Wenn ein König einen Vertrag macht, verpflichtet er sich, bei Verstößen dagegen als Krähe oder Hund wiedergeboren zu werden oder zu einem Aufenthalt in einer Höllenebene, aus der er nicht leicht befreit werden kann.
Thailand, heute: Hier und in Myanmar (Burma) weiß man, dass ein Geist auf dem Weg zur Wiedergeburt die Welt wahrnimmt, aber nicht mit ihr in Kontakt kommt. Er bewegt sich unstet umher, fühlt sich zu bestimmten Menschen hingezogen, nähert sich ihnen, wird ohnmächtig und als Mensch wiedergeboren.

Promi-Wahrscheinlichkeit

Hier trifft man, wenn man ihn erwischt, eigentlich jeden in ebender Form an, in der er wiedergeboren wird. Bis auf Buddhisten, die das Nirwana erreicht haben. Von denen ist nichts zu sehen, aber es sollen immerhin ein paar Millionen sein.

FAZIT

Man kann sich treiben lassen und versuchen, immer wieder ein neues Leben zu beginnen und zu genießen. Mal sehen, wie lange man das durchhält oder doch lieber einen Ausgang aus dem Kreislauf sucht.

✪✪✪
Empfehlenswert

Mahayana, Zen & Co.

ABWARTEN UND TEE TRINKEN

DAS ERLEBT MAN HIER
Man wird in einem Himmel wiedergeboren.
EIGENWERBUNG
»Geöffnet seit dem Jahre 100«

Einführung

Je weiter sie nach Norden kommt, desto philosophischer wird Buddhas Lehre. Etwa im zweiten Jahrhundert entdeckt man dann, dass er seinen Anhängern nicht alles erzählt hat. Es gibt Geheimreden, über die nur Eingeweihte informiert sind. Die werden enthüllt. Vom Tonfall und Stil her ähneln sie den Vorträgen des Meisters. Die einen freuen sich und wollen sie gleich in den Kanon heiliger Schriften aufnehmen. Andere sind skeptisch. Hat Buddha nicht selbst mehrfach betont, dass er alles erzählt hat? Dass es kein weiteres Wissen mehr gibt, das relevant ist?
So kommt es zur Spaltung der Ordensgemeinschaft. Der Mahayana-Buddhismus entsteht. Seine wichtigsten Texte sind die Lotus-, die Diamant- und die Maha-Prajña-Paramitta-Hridaya-Sutra, die man auch Herz-Sutra nennt. Eine Sutra ist eine Lehrrede.

Diamant-Sutra

Die Diamant-Sutra wird im ersten Jahrhundert aufgeschrieben. Ihr Originalname: Prajnaparamita-Sutra – über die Vollkommenheit der Weisheit. Ihr Thema: Wie die Realität aufgebaut ist. Ihr Inhalt: Es gibt zwei Arten von Realität, die konventionelle und die absolute. In der konventionellen Realität ist ein Baum ein Baum und eine Katze eine Katze; das sind Begriffe, die sich Menschen zurechtgelegt haben und nach denen sie die Welt einteilen und verstehen. In der absoluten Realität hingegen gibt es keine Begriffe mehr. Sie ist völlig leer. Wer diese beiden Aspekte der Realität vereint, begreift, dass alle Ausdrucksformen der Wirklichkeit – Form, Materie, Nirwana, Begriffe und Leerheit – letztendlich dasselbe sind. Wer ihre Natur durchschaut, blickt hinter die Oberfläche der Phänomene.

Anreise und Ankunft

Lotus-Sutra

In ihr steht, wie man schon in diesem Leben die Erleuchtung erlangen kann. Jeder trägt sie bereits in sich, die Buddha-Natur. Der Schlüssel dazu ist greifbar. »Die Lehrrede der Lotosblume vom wunderbaren Gesetz«, schon im Titel liegt die ganze Tiefe der Lehre Buddhas. Man kann ihn auf Japanisch rezitieren, ihn wie ein Mantra im Geist rotieren lassen und sich auf seine Wirkung verlassen: »Nam Myoho Renge Kyo« (Ehre sei dem kommenden Buddha), der Satz führt zur Erleuchtung. Dann hat man per Geist einen überweltlichen Status erreicht und wird in einer entsprechenden Sphäre wiedergeboren. Das ist das »Reine Land«, ein Paradies im Westen.
Hier trifft man auf viele mehr oder weniger geistförmige Wesen, die den ganzen Tag mit Meditieren zubringen und schon sehr vergeistigt sind. Man setzt sich einfach dazu, denn jetzt ist man wie sie ein Bodhisattva – nämlich ein Mensch, der meditiert und auf dem besten Weg ist, das Nirwana zu erreichen: Aber kurz vor dem Ende des lästigen Strudels der Wiedergeburt geht er hier, im reinen Land, an Land. Aus emotionalen Gründen. Denn er empfindet eines der bewegendsten Gefühle, die es gibt: Mitleid

(karuna) mit allen Wesen, die leben und im Strudel des Samsara gefangen bleiben müssen, wenn man ihnen nicht hilft.

Ein Bodhisattva wird, wer jetzt beschließt, das mit dem Nirwana zu verschieben und sich auf einer höheren Daseinsebene nützlich zu machen – bis alle, aber wirklich alle Wesen aus dem Kreislauf von Werden und Vergehen befreit sind. Manche der Bodhisattvas strahlen hier schon seit Tausenden von Jahren rund um die Uhr Liebe und Güte aus.

Zen

Das Wort Zen ist der japanische Ausdruck für Chan, das ist Chinesisch und kommt von Dhyana, dem indischen Wort für Meditation. Obwohl das nie geplant war, hat der Zen-Meditations-Buddhismus auch das moderne Design beeinflusst. Er beruft sich ebenfalls auf eine Geheimrede. Seine Herz-Sutra heißt im Original Maha-Prajña-Paramitta-Hridaya-Sutra. In ihr steht: »Alle Dinge dieser Welt erscheinen als Form und als Substanz. Das ist nichts anderes als ihre Leerheit: Sie entstehen nicht und vergehen nicht.« Das ist fast nicht zu begreifen, und um es richtig zu verstehen, sitzen Zen-Schüler oft stundenlang da, bemühen sich um Perfektion, harken Kies im Steingarten des Klosters und denken über schwere, zum Perplexmachen dienende Fragen nach (Koan).[168] Wer's schafft, wird in einem Himmel wiedergeboren. Wer nicht ...

Sitten und Gebräuche

Wie in jeder südasiatischen Religion heißt es auch im Mahayana und Zen als Erstes: »Schuhe aus!« Danach ist im Jenseits stetige Meditation angesagt. Man geht und sitzt nicht einfach nur rum, sondern entwickelt im Geist jede Menge liebender Güte, die in alle Richtungen abgestrahlt wird; entsprechend freundlich geht man miteinander um.

Essen und Trinken

Höhere Lebensformen (und das sind sie alle) sind darauf nicht mehr angewiesen.

TIPP Sind Sie in einer Hölle oder ein hungriger Geist? An einem Tag im Jahr wird in Japan Ihr Schicksal erleichtert – durch Papierlaternen, Feuer, Weihrauch und das Opfern von Nahrungsmitteln! Jam-Jam! Streichen Sie sich das Obon-Fest im Kalender an!

*Bitte nicht stören: Im Himmel des Buddha Amida
sitzt hinter jedem Busch ein Bodhisattva.*

Land und Leute

Im Reinen Land hält sich auch jemand auf, der bei der ganzen Sache noch eine besondere Mission hat: Der Bodhisattva Maitreya, der Liebevolle. Er verbringt hier sein letztes Leben als höheres Wesen, bevor er als Mensch wiedergeboren wird. Er wird einmal ein richtig großer und berühmter Buddha werden, noch in diesem Weltzeitalter. Und man merkt es ihm vielleicht nicht an, aber die ganze Daseinsebene hier hat er erfunden. Auf Japanisch heißt er Amida, und wenn man an ihn glaubt und seinen Namen voller Vertrauen anruft, holt er einen später zu sich.

Wer ganz sichergehen will, spricht noch auf dem Totenbett die Formel »Namu Amida Butsu« aus – Ehre sei dem Buddha Amida.

Promi-Wahrscheinlichkeit

Mahayana: In den höheren Welten halten sich Religionsgründer Bodhidharma und Maitreya, Schriftsteller Jack Kerouac, Allen Ginsberg und Gustav Meyrink auf. In den nächsten Jahren werden Meditationsmeister Thich Nhat Hanh, die Kampfkünstler Jackie Chan und Steven Seagal, die Musiker Leonard Cohen, Tina Turner und Laurie Anderson erwartet.

Zen: Hier gibt es nur interne Promis wie Meister Roshi Nagaya, Ryokan Zenji und andere Spezialisten. Außerdem eines Tages wahrscheinlich auch der Autor Jan-Willem van de Wetering.

FAZIT

Das Ziel, für jedes einzelne Lebewesen im Universum da zu sein, ist im Mahayana und Zen stark ausgeprägt.[169] Geeignet für Leute, die das Leben mit seinen Vor- und Nachteilen kennen und meinen, dass man sich immer noch verbessern kann – oder einfach nur gern herumsitzen.

✪✪✪
Empfehlenswert

Der Schamanismus

DAS ERLEBT MAN HIER
Man reist ins Jenseits und zurück.
EIGENWERBUNG
»Seit Urzeiten geöffnet«

Einführung

Die Burjaten wohnen in Sibirien. Darum beneidet sie wohl keiner. Sie sind in der Welt der dort lebenden Geister zu Hause. Schamanen – das Wort kommt vom indischen Samanera, d. h. Yogi, Pilger, Asket, und ist den ganzen langen matschigen Weg über die Nordroute zu uns gewandert – sind in der Lage, komplette Touren, Wanderungen und Kurztrips in die Unterwelt, die Parallelwelt, das Geisterreich oder was auch immer zu unternehmen. Alles, was sie dazu brauchen, ist eine Begabung, eine jahrelange Ausbildung, ein paar schwer zu lernende Ekstasetechniken und vielleicht eine Flasche Schnaps – schon geht's los.
Wer den Weg des Schamanen gehen will, braucht aber auch sinnvolle Dinge, die jeder Haushalt hat, wenn man ein paar Tage lang kein Fernsehen guckt, die Jalousien runterlässt und nicht aus dem Haus geht: wenig äußere Reize, wenig Schlaf und wenig Nahrung, viel Einsamkeit, Fasten und Durchhalten. Eine alternative Möglichkeit ist die Verwendung von Drogen. Sibirische Schamanen, die es sich bequem machen wollen, können auch durch Fliegenpilze in Stimmung (Trance) kommen.
Ansonsten gibt's noch einen dritten Weg durch ein Überangebot an Reizen. Bei dem muss man wahrscheinlich die ganze Nacht über trommeln, tanzen und rasseln.

Anreise und Ankunft

In Trance verlässt die Seele des Schamanen den Körper. Sie reist durchs Jenseits und besucht den Himmel, die Hölle, die höheren und immer rein geistförmigen Lebewesen und kommt mit einem riesigen Erfahrungsschatz zurück.

Bei den Burjaten hat der Mensch drei Seelen. Eine wohnt (und bleibt) als unsichtbares Gerüst im Körper. Die andere kann ihn verlassen und fliegen. Wenn sie sich dabei erschrickt, kann sie nicht zurückfinden, und man wird krank. Wenn man stirbt, irrt man an den Stätten seines Lebens umher und sieht weiter wie ein Mensch aus. Die dritte, höchste Seele geht schließlich ins Jenseits über. Aus dem kann sie nicht mehr zurückgeholt werden.

Land und Leute

Besuchende Schamanen können im Jenseits zum Heiler ausgebildet und mit magischen Kräften aufgerüstet werden. Vorsicht, es gibt große Haufen negativer Geister.

Promi-Wahrscheinlichkeit

Gering.

FAZIT

Die esoterischen Kräfte hier sind so stark, dass es einen fast zerreißt. Gut für jeden, der gern einen kippt. Alle anderen lassen besser die Finger davon.

✪

Nicht zu empfehlen

Anhang

Tipps und Tricks

Verhalten

Sie betreten ein Gebiet, in dem es nicht viel zu tun gibt. Bleiben Sie passiv. Machen Sie keinen Lärm und stellen Sie nicht zu viele Fragen. Wenn Sie Gebete oder Meditationstechniken beherrschen, ist es jetzt Zeit, damit anzufangen. Den Anweisungen des Personals ist immer Folge zu leisten. Überweltliche Erscheinungen stellen keine Gefahr dar.

Reisevorbereitung

Wie viel Geld braucht man?
In den meisten Fällen ist der Tod umsonst. Währungen können und dürfen – außer in Ägypten, dem alten Griechenland und im chinesischen Universalismus – ins Jenseits nicht eingeführt werden. Keine Sorge, man wird keine brauchen. Aber: In allen Religionen gilt, dass man seine Taten mitnimmt. Sie müssen sich darauf einstellen, dass es bei einer späteren Kontrolle viel zu erklären gibt. Und im alten Ägypten kann einen zwar alles, was man mag, in die andere Welt begleiten, aber nicht vergessen: Irgendjemand muss das alles tragen!

Wo muss man sein Gepäck selbst tragen?
Eigentlich überall. Jeder hat sein Päckchen zu tragen, in diesem oder sonst in einem nächsten Leben. Das Karma ist, was man ins Jenseits mitnimmt. Man sollte es sich nicht zu schwermachen und nur das Nötigste in der Ewigkeit mitführen.

Ausrüstung

Licht ins Dunkel: Gute Sicht kann man immer brauchen. Wer darüber hinaus auch noch weiß, wie man Feuer macht, kommt noch besser weiter. Bei Aufenthalt in der Hölle Brandsalbe und natürlich eine Taschenlampe mitnehmen. Vom Kauf teurer Nachtsichtgeräte wird abgeraten, die bleiben ja doch nur als Grabbeigabe neben dem Körper zurück und können nur selten mitgenommen werden; außerdem ist fraglich, ob die Akkus die lange Zeit in der Pyramide (wenn man reich ist und auf Ägypten steht) überhaupt durchhalten.

Kleiner Hinweis für Männer: Batterien oder Nachschub bekommen Sie im Jenseits kaum. Also lieber ein Rasiermesser statt Einwegklingen oder Elektrorasierer benutzen. Hält hundert Jahre. Wenn's kaputtgeht, lassen Sie sich einen Bart wachsen.

Geheimtipp von Profis: Zwei Rasiermesser mitnehmen und nacheinander aufbrauchen, dann ist man da drüben mit Sicherheit der bestrasierte Mann im zweiten Jahrhundert nach dem eigenen Tod.

Außerdem zwei Schweizer Armeemesser in wasserdichter Hülle, zwei Thermoschutzfolien für die Hölle, zwei Zahnbürsten, zwei Sonnenbrillen und zwei Frotteehandtücher, die man auch als Bettlaken und Tragesack benutzen kann. Für Brillenträger: Zwei Brillen im Etui, vier Putztücher.

Mit einem Fernglas kann man sich auch im Jenseits überall sehen lassen und steht stets Mittelpunkt. Ein professionelles Jagdglas ist aus Gewichtsgründen fehl am Platz, ein kleines Opernglas tut es auch. Wer sich an die Faustregel »je kleiner, desto besser« hält, erregt keinen Neid.

Einkaufen

Außer im alten Ägypten gibt es so gut wie gar keine Shopping-Möglichkeiten. Wer sich im Jenseits umschauen will, muss also genügend Vorräte dabeihaben und den Rest dann vor Ort eintauschen. Bei der einheimischen Bevölkerung sind Spiegel immer willkommen, aber Sonnenbrillen und Schnürsenkel gehen noch besser und müssen auch keine besondere Qualität haben. Alte Zeitungen finden auch hier ihre Abnehmer, und Sie gewinnen schneller Freunde, wenn Sie sie außerdem mit Kämmen, Bällen, Wasserpumpen, Luftballons und kleinen Seifenstücken aus dem Hotelzimmer verwöhnen. Als Tauschartikel, die wirklich nützlich sind und die man nur im Notfall hergeben sollte, auch zwanzig Packungen Streichhölzer, Bleistifte, Papierscheren, Becher, Besteck und Essstäbchen einpacken.

Kleidung

Bewährt hat sich eine Überlebensjacke aus Fleece und ein Rucksack, in dem zwei Survival-Hosen, ein Paar hitzefeste, atmungsaktive Schuhe, vier Paar Socken und ein Regencape stecken, das man so auffalten kann, dass es ein Zelt wird. Absolut tabu sind im Jenseits Baseballkappen, auch falsch aufgesetzte, auffallende Tätowierungen, Goldkettchen, kurze Hosen für Männer und weiße Socken in Gesundheitssandalen, aber im Grunde kommt jeder so, wie er ist.
Bei einer Wiedergeburt im Himmel sind leichte Baumwollsachen Gold wert. Schuhe sind dort fast ebenso verpönt wie Shorts, String-Tangas und Bikinis. Ins Handgepäck fürs Jenseits gehören für Frauen auch der obligatorische Kamm, eine Nagelfeile, acht Waschlappen und ein Sonnenhut. Kein Lippenstift!

Snacks auf der Reise

Bitte unbedingt beachten: Bei den Inuit im Geisterreich sind Bananen unbekannt. Auf ihren Verzehr in der Öffentlichkeit besser verzichten, um niemanden zu erschrecken. Wasser trinkt man am besten aus einem Tonkrug. Das ist der große Klassiker bei Reisen in die Ewigkeit. Alle Kulturen unserer Welt kennen den Tonkrug, und notfalls kann man ihn als Waffe einsetzen.

Ein Fotoapparat nützt nach dem Tod wenig, weil man die Seele nicht fotografieren kann. Prägen Sie sich ein, wem Sie begegnen, oder achten Sie einfach auf Ihre Gefühle. Merken Sie sich lieber, wie alles aussieht, um später davon erzählen zu können. Ist auch ein schöner Zeitvertreib.

Wetter

Die Aussichten: Die nächsten Jahrtausende über – gut und stabil.

Reiseapotheke

Verbandszeug und Heftpflaster sind in einigen Religionen nötig, wenn man von Dämonen angegriffen wird. Bei Aufenthalt im Himmel nah am Licht Sonnenbrille und Sonnencreme mit hohem Lichtschutzfaktor nicht vergessen! Die vielgepriesenen Strahlen dort können empfindliche Haut rasch verbrennen lassen. Nehmen Sie für alle Fälle einen Hut oder Schirm mit.

Orientierung

Im besten Fall weisen Schilder darauf hin, wo man ist. In anderen Fällen helfen Fragen weiter: Sehen Sie Flammen, hören Sie Musik, können Sie Lichter erkennen? Suchen Sie nach Himmel, Hölle, Ausweg, das ist in jedem Jenseits das Wichtigste. Und dann machen Sie sich einfach irgendwie auf den Weg, auch wenn Sie ratlos sind.

Es gibt von der ganzen Gegend keine genauen Pläne. Auch nicht im Fachhandel. Und da hilft nur eins: Versuchen Sie, sich am Sonnenstand zu orientieren. Und zögern Sie nicht, Passanten anzusprechen. Hier ist eigentlich jeder ein ausgesprochener Experte in Sachen Leben nach dem Tod. Die meisten von ihnen sind schon ein paar Jahre hier und haben sicher ein paar tolle Schoten zu erzählen.

Hinweis: Mietwagen sind so gut wie gar nicht vorhanden. Falls doch: Preisnachlass aushandeln!

Sprachkenntnisse

Die Verständigung im Jenseits läuft nicht über Geräusche, sondern durch eine Art Gedankenübertragung ab. Sprachkenntnisse sind meist nicht erforderlich, aber immer sehr hilfreich. Den Namen des jeweiligen Gottes kann man, falls man ihn nicht kennt, durch geschicktes Fragen in Erfahrung bringen, damit man nicht durch dumme Fragen auffällt (»Allah? Nie gehört.«).

Unterkunft

Das Leben in der Welt danach findet meist unter freiem Himmel statt. Vermutlich sucht man sich selbst einen Schlafplatz oder fragt, wo man übernachten kann. Bei den alten Ägyptern wohnt man in festen Häusern, die weder Klimaanlage noch fließendes Wasser haben. Um Toiletten, Waschbecken, Duschen und Wannen macht übrigens jede Beschreibung des Jenseits der Religionen einen großen Bogen. Entweder braucht man hier also keine (was wahrscheinlich ist), oder sie zählen zum Komplex des Unbeschreiblichen, Unsagbaren, Unaussprechlichen. Man weiß nie. Vielleicht lassen Sie sich zur Sicherheit doch ein paar Tempotaschentücher mit ins Grab legen.

Möbel und Design

Die Menschen bevorzugen weiche Betten. In einem Himmel kann man erwarten, dass er gut gepolstert ist. Vom Design neigt man hier wahrscheinlich, in gelungener Anlehnung an die Natur, zu Mustern und Teppichen. Was die heißgeliebten Designersofas angelangt, die sind so gut wie kaum verbreitet. Holz und Naturmaterialien geben im Himmel den Ton an; die feinstoffliche Substanz ist einwandfrei verarbeitet und hält jeder Belastung stand, auch wenn man stundenlang darauf herumspringt.

In der Hölle, wo der Begriff der Härte eine Hauptrolle spielt, sucht man schöne Möbel vergeblich. Dort gibt's wenig Licht, aber dafür giftige und ätzende Industrie- und Chemikaliennebel, die ihren Bewohnern die Luft zum Atmen nehmen und das Leben schwermachen. Da denkt keiner an Design. Wegen des Schmutzes sind dunkle, verschmierte Töne weitverbreitet.

Umweltschutz

Umweltschutz wird im Jenseits großgeschrieben, aber in der Hölle ist er ein Fremdwort. Und ob die Strahlung im Himmel wirklich unbedenklich ist, muss erst noch erwiesen werden.

Feste und Feiertage

Eigentlich pausenlos feiert man in den weltweit verbreiteten Himmeln. Oft sind die Feste laut und spektakulär, aber sie können auch einfach aus der stillen Zweisamkeit mit Gott bestehen. Oder dem tollen Gefühl, wenn sich die Seele mit der höchsten Lebensform vereint und darin aufgeht – Feste, die der Liebe geweiht sind, gibt es fast überall, und jeder kann mitmachen.

In den indischen Religionen treten in himmlischen Gefilden Sän-

ger und Lautenspieler auf, woanders ertönen zünftige Trinklieder und blasen Druiden ihre Tin Whistles. In anderen Teilen des Jenseits erklingen Psalmen, häufig schallt auch der satte Sound von mächtigen Chören durch die Gegend. Klasse Musik finden Sie hier also überall. Auf Punk und Heavy Metal steht man bei den Kelten, Germanen und vermutlich auch in Beelzebubs Gegend. Barockmusik vom Komponisten persönlich (Mozart, Bach) bietet das Christentum in der Unterwelt, spielt aber mangels Instrumenten seit Mozarts Ankunft vor allem frisch komponierte Chorwerke. Auch Maria-Callas-, Caruso- und Jimi-Hendrix-Fans kommen hier bei freiem Eintritt auf ihre Kosten.
Das sollte man sich nicht entgehen lassen!

Ein offenes Wort an die Raucher

Tabakfreunde müssen im Jenseits vorsichtig sein. Im Manichäismus, bei den Katharern u. v. a. m. sieht man das Paffen als Teil einer teuflischen Folter an – Quälen durch Begierde nennt man das. Wer hier klarkommen will, verzichtet vom Moment des Todes an auf seine heißgeliebten Glimmstengel – oder er geht nach Walhalla (pausenlos Party!).
Davon abgesehen sterben kann hier zwar keiner mehr daran, aber wenn drüben rings um Ihre Seele alles voller Kippen ist, ist das ja auch nicht schön.

Sport, Spiel, Spannung

Spaziergänge und Wanderungen sind im Himmel aller Religionen jederzeit möglich.
Bei den alten Griechen, den Erfindern der Leichtathletik, kann man Turnen lernen und sogar Reitstunden nehmen (natürlich kostenlos).

Alle, Anfänger und Fortgeschrittene, freuen sich auf einen ewig dauernden Yoga-Kurs unter fachmännischer Leitung in den höheren Daseinssphären der Hindus und Jainas.

Kampfsportler fühlen sich in Walhalla am wohlsten.

Wenn man unter Sport auch Jagen versteht, ist man im Jenseits der Kelten am richtigen Platz.

Sportgeräte, wahrscheinlich auch Hanteln, Zaumzeug, Speere, Diskus und Schwerter werden bei den Griechen, Römern und Germanen gratis gestellt.

Cafés, Kneipen, Lokale

Nach ihnen muss man lange suchen, aber wahrscheinlich gibt's die besten im Jenseits der alten Ägypter – die ganze Nacht über geöffnet. Nach frischen Brötchen und Croissants kann man bei den Kelten im gallischen Teil ihres Jenseits »Die Anderswelt« fragen, aber ein nennenswertes Nachtleben ist nur in der Hölle vorhanden – und dort auch nur sehr kurz. Hier arbeitet man nämlich am liebsten durch.

Nach Theatern, Kinos und Kneipen mit Live-Musik sollte man sich am besten direkt vor Ort erkundigen, denn Zeitungen gibt es so gut wie überhaupt nicht. Der Grund: Im Jenseits passiert zu wenig. Auch spannende Neuzugänge von außergewöhnlichen Menschen, die nach einem interessanten Leben unter dramatischen Umständen sterben, reißen hier keinen vom Hocker. Zudem will keiner mehr was verkaufen. Darum liegt der Anzeigenmarkt brach. Auch alle Kirchen, andere Religionen etc. haben hier ihre Missionierungsbestrebungen eingestellt.

Überhaupt Gedrucktes ist nur bei den Zeugen Jehovas zu erwarten; der »Wachtturm« hat bestimmt auch drüben Tradition.

Sicherheit und Kriminalität

Im Himmel kommt keiner auf die Idee, einen in einer ominösen Kneipe betrunken zu machen und dann die Geldbörse zu klauen – Vorsicht hingegen in der Hölle! Hier gibt's viele dunkle Ecken und ein gewalttätiger, zu allem bereiter Sünder ist hier, wo ein Menschenleben nichts mehr zählt, nichts Besonderes. Wer hier unten steckt, ist schuldig und wird schlecht behandelt – also bei Wiedergeburt in einem kriminellen Gebiet weggehen oder so lange ausharren, bis eine Besserung eintritt. Sich auf keinen Fall an Verbrechen etc. beteiligen!

Notruf, Polizei, Krankenhaus

Ein paar Grundkenntnisse in Körpersprache und Selbstverteidigung sollte man schon haben, wenn man hier ist – in jedem Jenseits kommt der ganze Mann zum Einsatz; bei Frauen die Frau. Ob man kommuniziert oder in eine Notsituation gerät (selten!), stets sollte man währenddessen seine gute Laune behalten.
Rufen Sie bei Gefahr für Leib und Leben die höchste Lebensform an und bitten Sie sie um Hilfe. Der Rest wird sich finden.

Strandverkäufer

Wenn das Totengericht vorbei ist, glauben viele, sie könnten jetzt alles tun, und quatschen einen von der Seite an. Ihre Angebote gehen von Andenken und Bootsfahrten über Massagen und ominösen Sehenswürdigkeiten bis zu den berühmten geheimen Auswegen aus dem Jenseits. Spätestens wenn sich der steinalte Weise, zu dem man geschleppt wird, als sturer Bock entpuppt, müssen sich alle etwas einfallen lassen.
Belehren Sie sie eines Besseren, indem Sie einfach so tun, als

würden Sie nichts verstehen. Weisen Sie jeden Strandverkäufer liebevoll, aber umgehend ab. Seien Sie freundlich zu allen, sie meinen es gut, nichts kann passieren.

Freunde und Bekannte

Im alten Ägypten setzt sich der soziale Status nach dem Tod fort. Ein Pharao läuft und läuft und läuft und bleibt immer ein Pharao, aber Vorsicht, Porschefahrer! Im Christentum können Reiche nicht mit bevorzugter Behandlung rechnen.[170]

Alleinreisende Frauen

Als Frau zu reisen ist meist problemlos. Es wird der Reisenden oft sogar das Gefühl vermittelt, ein willkommener Gast zu sein, egal ob sie im Himmel oder in der Hölle unterwegs ist.

Do's und Don'ts im Jenseits

DON'TS
Andere wegschubsen, Verbrechen aller Arten, mit unbekannten Frauen flirten. Auch uncool: Immer nur von der Vergangenheit erzählen.
Scherze vermeiden: Im Himmel der Mormonen keine anzügliche Bemerkungen machen, im Boot von Charon nicht schaukeln oder unzüchtige Lieder singen, in der Hölle nicht behaupten, man wäre Masochist, sonst kriegt man eine Spezialbehandlung. Nicht mit Dingen, die man nicht vor Ort hat, prahlen und angeben (Eselskarren, Tradition, Fernsehen, Fahrrad oder Moped, Führerschein, BMW, Harley-Davidson, Rolex, Boot, Villa, Flugzeug, Golfausrüstung, Kunstsammlung).

DO'S

Beachten Sie Verkehrsregeln und lassen Sie sich nie an einem Ort erwischen, an den Sie nicht gehören. Lernen Sie, den Satz »Finger weg von Andenken, die schleppt man doch nur mit sich rum!« in fünfzig Sprachen zu sagen, oder schreiben Sie ihn sich auf.
Machen Sie überall ein freundliches Gesicht, denn auch drüben kommt man, wenn überhaupt, mit gutem Benehmen weiter. Ein »Bitte« oder »Danke« kostet auch hier überhaupt nichts.

Mitbringsel

Für jemanden, der gern einen trinkt: Wasser aus dem Fluss Lethe in Griechenland. Das ist das stärkste Zeug, das es gibt! Ein Schluck davon genügt, und man vergisst alles.
Pfeil und Bogen oder ein Schwert aus Walhalla. Schmückt jede Zimmerwand und ist rasiermesserscharf!
Das Elixier der ewigen Jugend aus dem Taoismus, zum Eigenverbrauch und für gute Freunde.

Durch das Jenseits an einem Tag

MORGENS, 8 UHR
Sehen Sie sich die Hölle der Germanen an, danach Frühstück im Himmel (Taoismus) inklusive Schlucken des Elixiers der Unsterblichkeit.

VON 10 BIS 12 UHR
Fahrt durch das gefährliche Zwischenreich in die Unterwelt der Ägypter.
Kurzer Aufenthalt mit Eierbötchen und schwarzem Tee mit Zitrone, dann Abseilen in die mittelalterliche Hölle des Christentums – Thermoskannen und Taschenlampe nicht vergessen!

Gemeinsame Erkundung und Marsch zum griechischen Hades. Dort ca. 45 Minuten Gelegenheit zu Gesprächen mit berühmten Bewohnern (Homer, Diogenes, Archimedes).

GEGEN 14 UHR
Weiterfahrt zu diversen Todesflüssen und lustige Bootsfahrt mit abgefahrenen Typen.
Statt Mittagspause ein kleines Picknick im mittlerweile stillgelegten Fegefeuer.

AB 16 UHR
Den späten Nachmittag verbringen Sie in den Himmeln, wahlweise in dem der Inder (mit fliegenden Palästen) oder dem der Zeugen Jehovas, wo man sich mit einfachen Mitteln etwas zu Essen besorgen kann.

Danach geht's nach Hause.

Frequently Asked Questions (FAQs)

Kann man Plätze reservieren?
Ja, in fast allen Religionen. Wer was Schönes erleben will, kann's durch ein Leben gemäß der jeweiligen Ethik.
Wer die dunkle Seite bevorzugt, macht's umgekehrt.

Sieht man im nächsten Leben seinen Partner wieder?
Wenn der Wunsch auf beiden Seiten besteht, ja. Es gibt ein Pärchen, das zur Zeit Buddhas schon seit Jahrtausenden so unterwegs ist und sich seit dieser Zeit liebt. Und so selten ist das gar nicht. Im Kreislauf der Wiedergeburten ist man mit jedem Wesen, das es gibt, schon mal verwandt oder befreundet gewesen.

Wo kommen die Soldaten hin?

Wenn sie im Kampf sterben, werden die meisten wie ihre Opfer (das beobachten Seher weltweit) unsichtbare Geister oder Arme Seelen. Viele begreifen nicht, was los ist, und klagen die ganze Zeit über. Die Geschichte der Brüder Grimm vom Schneider, der in der Hölle etliche beim Kartenspielen antrifft, ist nur ein Märchen.

Was wird aus Selbstmördern?

Im Christentum kommen sie in die Hölle und werden angeblich außerhalb der Friedhofsmauern beerdigt. Im Buddhismus und Hinduismus werden sie ganz normal wiedergeboren, und bei den Mayas kommen sie sofort ins Paradies.

Wo kommen die Tiere hin?

Wer auch in der Nachwelt nicht auf Bello, Pussi oder Jumbo verzichten will, kann sie mumifizieren und bei sich im Grab aufbewahren lassen – im alten Ägypten klappt das gut (rechtzeitig Tiertransportbox besorgen!). Bei den Zeugen Jehovas leben sie mit im Garten Eden.

Was tun, wenn man Gott trifft?

Sie sind meist über hunderttausend Jahre oder unendlich alt, haben schon alles gesehen und dabei immer ein freundliches Gemüt bewahrt – höheren Lebensformen gegenüber verhält man sich immer respektvoll und ehrfürchtig. Knien ist gut, als Haltung weltweit verbreitet ist auch die Geste gefalteter, erhobener Hände. Dann ihm ruhig ins Gesicht sehen. Wer den Blick abwenden muss, guckt weg.

Wie verhalte ich mich gegenüber Geistern und Dämonen?

Keine Neugierde wecken, ruhig Blut bewahren, in Kontakt treten und sich beschnuppern lassen. Außerdem kann sie die richtige Einstellung vertreiben oder in Schach halten. Äußern Sie Toleranz und strahlen Sie Friedlichkeit, Wärme und, falls vorhanden,

Liebe aus. Gegebenenfalls magische, abwehrende Sprüche aufsagen oder denken.

Was tun, wenn einem schwindlig wird?

Am besten sollte man sich in der Unterwelt nur in Gruppen fortbewegen. Da kann jeder dem anderen helfen. Das Jenseits ist nichts für Leute mit Höhenangst. Vom Rand der Grube, in der bei Zarathustra die Bösen landen, bis zu ihrem Boden sind es mehr als dreißig Meter.
Nicht zu dicht am Rand gehen, auf den Weg gucken, falls man abstürzt, niemanden mitreißen, und nach dem Fall bei einer harten Landung denken: Keine Sorge, keiner kann sterben.

Erfährt man nach dem Tod, welche Religion recht hat?

Je nachdem. Wenn man wiedergeboren wird, wird einem die komplette Festplatte gelöscht, dann weiß man im nächsten Leben nichts mehr vom letzten (Blackout-Effekt).

Wie hält man die viele Zeit aus?

Nach ein paar Jahren bekommt man wahrscheinlich einen Koller, hat aber keine Chance und muss durchhalten. Die ersten zweihundert Jahre der Ewigkeit sind die schwersten, danach gewöhnt man sich daran und spürt die angenehme Wärme einer höheren Lebensform. Aber egal ob man als Geist herumschwebt oder wartet, mit Langeweile muss man immer rechnen – und damit fertig werden.
Tauchen Sie im Jenseits, wenn Ihnen die Decke auf den Kopf fällt, doch mal wieder in die faszinierende Welt der Mathematik ein, lernen Sie Bruch- und Prozentrechnung neu kennen und teilen Sie die Differenz dann mit den verrücktesten Zahlen!
Oder haben Sie gewusst, dass man im Kopf Schach spielen kann? Probieren Sie es aus! Oder erinnern Sie sich systematisch an alle Leute, die Sie kennen. Wer noch traumatische Erlebnisse aus der Schulzeit auf Lager hat, kann sie jetzt endgültig durchkauen.

In einer Hölle aber ist immer mit Überraschungen zu rechnen. Hier gibt es teuflische Ideen, finstere Gesellen, schlechte Charaktere, miese Verhältnisse und vor allem schrecklich viel Dummheit. Die Wände hallen vom Knirschen und Schreien wider, wenn Gewohnheiten und Knochen zerbrochen werden. Davon gibt es keine Abwechslung.

Das passt zu mir!

Was kommt danach?

Wo man nach dem Tode hinkommt – die Angaben dazu lassen sich in A-, B- (B^1 und B^2) und C-Religionen unterteilen. Von ihnen sind hier nur A und B vermischt.

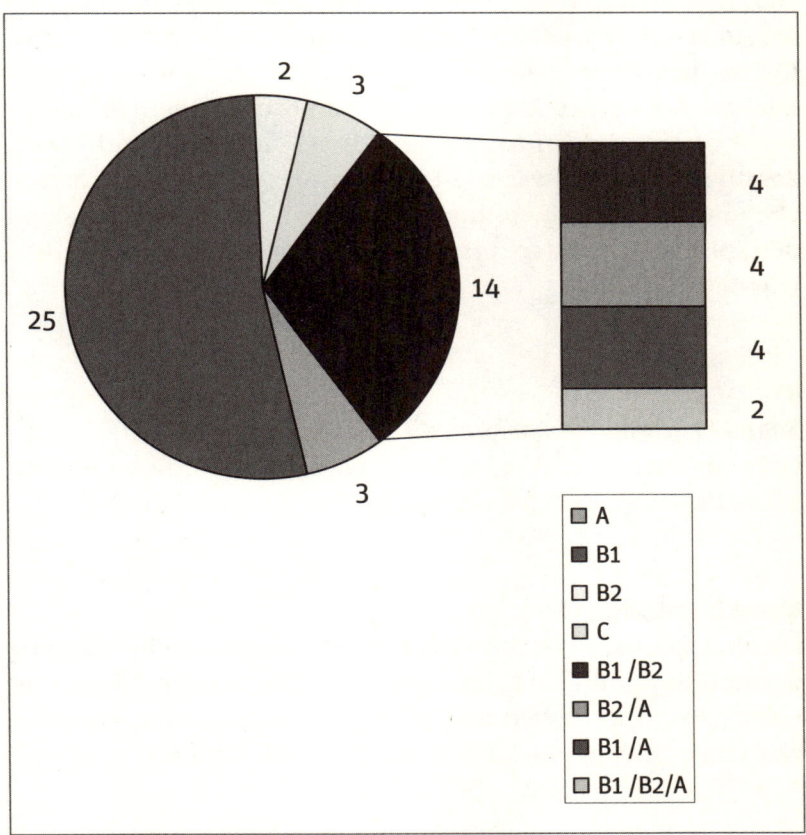

A
Wiedergeburt im klassischen Sinn
In Ländern, wo das Vajrayana oder der klassische Buddhismus den Ton angibt, gibt es oft Kinder, die sich ans letzte Leben erinnern können. Auch im Mahayana ist die Wiedergeburt alltäglich. Auf einen Schöpfer wird verzichtet.

B¹
Kontakt mit einer unsichtbaren Lebensform
Hier hält man sich in einem Himmel, einer Hölle oder irgendwo sonst auf. Das wissen Ägypter, Germanen, Griechen, Römer, Kelten, Babylonier, Eskimos, Azteken, Mayas, Sumerer, Zeugen Jehovas, Aborigines, Inkas, Afrikaner und Schamanen, Anhänger von Voodoo und Umbanda, Jedi-Ritter, Yanomami und Maori, Zarathustrianer, Universelle Lebenslustige, die Vereinigungskirche und die Mormonen. In der Welt der Nahtod-Erlebnisse und des Spiritismus geistert man erst eine Weile herum und erlebt wundervolle Dinge.

B²
Kontakt mit einer Lebensform, die lieb ist
Gott, Brahma, Allah o. Ä. nimmt (spätestens am Schluss) alle auf, auch die Bösen, das ist auch bei den Bahai'i und Sikhs der Fall.

B¹ und B² (Mischform)
Hier hat man Kontakt zum Überirdischen, kommt eine Zeitlang woandershin, und am Schluss werden alle, auch die Bösen, von Liebe erlöst. Das passiert im Christentum, Islam, bei nordamerikanischen Indianern und im Judentum inkl. Kabbala.

B² und A (Mischform)

Hier gibt es eine Wiedergeburt, aber auch eine Chance für einen Aufstieg in glückliche Sphären. Dieser Widerspruch, der im Manichäismus für schlechte Laune sorgt, versauert auch den Katharern das Leben. Bei den Hindus und den Jainas ist es kein Widerspruch. Und falls doch, löst man ihn einfach im Gedanken unendlicher Liebe auf.

B¹ und A (Mischform)

Nach der Wiedergeburt hält man sich hier in einem Jenseits auf. Das ist in der Parapsychologie der Fall, aber auch bei Scientologen. Malerisch und bunt ist es bei den Rastafarians, und wer's reißerisch will, kann ins Jenseits von Thelema und schwarzer Magie gehen.

A, B¹ und B² (Mischform)

Erst kommt die Wiedergeburt, die ins Jenseits führt, und am Schluss wird man zum Teil eines transzendenten Wesens. Der Gedanke, dass man zwar ständig wiedergeboren wird, aber auch was dazulernt, erscheint im großen Stil in der Theosophie. Von dort aus ist er direkt in die Anthroposophie gewandert.

C

Nur ganz wenige glauben, dass nach dem Tod einfach nichts kommt. Den indischen Materialismus, Satanismus und Existenzialismus verbindet nichts mit anderen Religionen.

Welche Blume hat den dicksten Stengel?

✪

Nicht empfehlenswert

Die Aborigines, Die alten Babylonier, Die Inkas, Die Sumerer, Die Eskimos, Der Existenzialismus, Der indische Materialismus, Die Jedi-Ritter, Die Katharer, Der Manichäismus, Der Satanismus, Der Schamanismus, Die Thelema und schwarze Magie, Die Vereinigungskirche.

✪✪

Empfehlenswert mit Einschränkungen

Die Anthroposophie, Die Azteken, Das alte Ägypten, Die alten Griechen, Die alten Römer, Die Germanen, Der Jainismus, Die Mormonen, Die nordamerikanischen Indianer, Die Rastafari, Scientology, Der Shintoismus, Die Theosophie, Die Umbanda, Universelles Leben, Voodoo, Die Yanomami und Maori, Zarathustra, Die Zeugen Jehovas.

✪✪✪

Empfehlenswert

Die afrikanischen Religionen, Die Bahai'i, Das Christentum, Die Kelten, Die Mayas, Die Sikhs, Der Hinduismus, Der Islam, Das Judentum, Der klassische Buddhismus, Der Konfuzianismus, Der Mahayana-Buddhismus, Zen & Co., Die Nahtod-Erlebnisse, Die Parapsychologie, Der Spiritismus, Der Taoismus, Das Vajrayana.

Erklärung

✪

EIN STERN BEDEUTET: Religionen ohne Ausweg. *Hier ist das Jenseits nicht zu empfehlen*
Bei den Katharern muss man leiden, im indischen Materialismus und Existenzialismus sich warm anziehen, bei der schwarzen Magie begegnet man dem Unangenehmen und im Satanismus sowie bei den Sumerern entsprechenden Leuten. Von Haus aus wirklich sehr, sehr fremdartig ist es bei den Jedi-Rittern, der einzigen Filmreligion der Welt, den Inkas und der Vereinigungskirche. Auch Aborigines und Schamanen brauchen eine Ausbildung, wenn sie richtig was mitkriegen wollen.

✪ ✪

ZWEI STERNE: Nett und adrett. *Jenseits empfehlenswert mit Einschränkungen*
Bei den alten Ägyptern und den Germanen gibt es immer wieder was Nettes. Für sie und Leute, die auf Zarathustra abfahren, steht ein großer Garten auch bei den Griechen und Mormonen bereit – ein malerisches Jenseits auch für Anhänger des Voodoo, des alten Babylons und der Azteken. Alles in Ordnung, befindet der Tester auch bei Zeugen Jehovas, Scientologen und Jainas, der nahezu unbekannt gebliebenen Religion des Universellen Lebens und auch der Theosophie. Rastafarianer lassen es sich »drüben« gutgehen, in voller Kriegsbemalung hoppeln die Indianer vorbei, und im Schattenreich der Anthroposophie, bei den Römern, den japanischen Shintos und im Umbanda kann man auch – mit Einschränkungen – durchaus seinen Spaß haben. Ein bisschen Interesse und Toleranz muss man aber ebenso mitbringen wie bei den Yanomami und Maori.

✪✪✪

JENSEITS MIT DREI STERNEN: Religion mit Happy End. *Rundum empfehlenswert*

Die Großreligionen, die Himmel des Christentums und des Islam, Welten der Kelten und des Hinduismus, die friedvollen Lehren des Bahai'i und der Taoismus, der aus dem fernen Asien gekommen ist, sie alle bieten die ganz große Nummer in Sachen Jenseits. Von den Sikhs und dem Vajrayana über die Riesen-Weltschau und Mechanik des Jenseits, die der klassische Buddhismus lehrt, bis hin zu Mahayana-Buddhismus, Zen & Co. – hier sind ganz, ganz viele. Hier lohnt sich ein Besuch also immer! Absolut der Himmel sind auch die Gefilde bei den Mayas, diffizil und ausgeklügelt ist das Ganze im Judentum und der Kabbala. Im Konfuzianismus findet man vor allem anderen jede Menge Ordnung und in Afrika immer ein Zuhause – exotisch und etwas für Genießer! Auch spannend: Nahtod-Erlebnisse, Spiritismus und Parapsychologie.

Wichtige Informationen

Es ist immer modern, die Überlieferungen der Vorväter zu hinterfragen. Schon Konfuzius hat sich darüber beklagt. Manche stellen sich daher eine Gruppe alter, vollbärtiger Männer vor, die in der Steinzeit etwas dagegen unternehmen will, dass sich die Leute die Köpfe einhauen. Um das Miteinander besser in den Griff zu bekommen, erfinden sie einfach die Geschichte von himmlischen Wesen, Geboten und schrecklichen Strafen bzw. super Belohnungen.

So ist es aber nicht. Eine Religion entsteht immer durch denselben Anlass. Nämlich indem ein Mensch seinen Alltag verlässt, eine tiefe, spirituelle Erfahrung macht und aus dem Stand eine komplexe und komplizierte Weltsicht mit genauer Lokalisierung seines Selbst und der Spezies entwickelt. Keiner fängt dabei bei null an, jeder hat seine Vorläufer. Wenn er seine Lehre einigermaßen installiert hat, verbringt ein Religionsgründer den manchmal nur noch sehr kurzen Rest seiner Zeit damit, den anderen zu erklären, was er herausgefunden hat. In seinem persönlichen Hintergrund laufen dann zwar natürlich auch noch abgrundtiefe Meditationsvorgänge ab, aber von denen kann er nichts erzählen.

Niemand ist in Sichtweite, dem man auch nur ein Stückchen vom Erlebten vermitteln kann, so dass er es auch versteht. Was sie von sich geben, sind mehr schwerverständliche Inhalte als einfache Regeln. Darum sind Religionsgründer die meiste Zeit über allein. Auch das spricht gegen die These, dass alles erfunden ist.

Von wegen Macht und so

Außerdem beginnen Religionen immer im Kleinen mit nur einer Handvoll Anhänger. Die Massen kommen erst nach und nach ins Spiel. Die meisten ihrer Stifter sterben, bevor ihr System eine nennenswerte Größe erreicht hat, und keiner ist dadurch jemals reich oder mächtig geworden. Macht ist sowieso nie ihr Thema. Es geht immer nur um die Verortung und Lokalisierung des Menschen im Gesamtgefüge. Jede Religion hat einen Universalanspruch, und jede behandelt vornehmlich das individuelle Leben. Keine ist dazu gedacht, die Grundlage eines Gemeinwesens oder Staates zu sein. So kommt es, dass im rein islamischen Saudi-Arabien die Lebensverhältnisse genau so paradiesisch sind wie die im Vatikan.[171]

Wenn Religionsgründer sterben, werden ihre letzten Worte aufgezeichnet. In zeitlicher Reihenfolge sagt Buddha seinen Freunden: »Alles ist vergänglich, strebt weiter, bemüht euch, unablässig achtsam zu sein.« Jesus fügt sich in die Weltordnung: »Vater, in deine Hände lege ich meinen Geist.« Mohammed bemerkt: »In der höchsten Vereinigung im Paradies mit den Propheten und den Heiligen und den Märtyrern und den Gerechten, denen Gott gnädig gewesen ist, das treffliche Gefährten sie sind!«

Normale Menschen sagen normale Sachen, aber bei manchen werden auch die letzten Sekunden im Leben von Coolness geprägt. Vor allem Schauspieler nehmen gern eine Pose ein und versuchen, das Leben bis zum letzten Vorhang durchzuziehen. Aber auch Politiker; Che Guevara sagt: »Schieß ruhig. Du wirst einen Mann töten«, und behält recht.[172]

Und Epikur, der in einem alten Garten im noch älteren Griechenland eine Kommune gründet – und in ihr mehr als 30 Jahre lang lebt, liebt, feiert und sich freut –, sagt am Ende seines Lebens: »Jetzt lebt wohl und erinnert euch alle an meine Worte.« Nebenbei gefragt, wo ist der jetzt eigentlich?[173]

Anmerkungen

Quellen: Encyclopedia Britannica, Handbuch des Aberglaubens, Buddhistisches Wörterbuch von Nyanatiloka, Spiritismus-Zeitschrift 1924, indische Quellen, das Popol Vuh, Diederichs-Verlag, Rebirth as a Doctrine von Francis Story, das Totenbuch der Tibeter u. v. a. m. Alle Quellen und Zitate sind stark kürzt und gerafft, aber nie entstellt.

1 In Sachen Lichterscheinungen gilt: Vom Nordpol bis Jerusalem werden strahlende Götter und leuchtende Frauen wahrgenommen. Helle Wesen leben bei den Inkas, am Grab des Erlösers, als Wind in der Luft und am Polarhimmel. Sie heißen in Indien Deva, »die Strahlenden«. Im Alten Testament gibt eine unsichtbare Spezies namens Seraphim; das Wort stammt vom Hebräischen für »Saraph«, in Flammen setzen: Das Heilige hat überall seinen Schein.
2 Kein Gott ist gerne allein, überall helfen ihm Engel.
3 Paradies – seine Geschichte: Vor Millionen Jahren leben unsere Vorfahren in Ostafrika. Sie sehen nicht aus wie wir, aber nach einiger Zeit kann man sich bestimmt an sie gewöhnen. Langsam werden sie schlau und beginnen, ein Bewusstsein zu entwickeln. Die ersten machen sich auf den Weg. Wohin sie auch wandern, sie bevorzugen immer Gegenden, die ihrer alten Heimat ähnlich sehen. Jeder Mensch fühlt sich in Gärten mit Wiesen, einzeln stehenden Bäumen und Flussläufen wohl – einem Abbild der Savanne. (Quelle: Irenäus Eibl-Eibesfeldt)
4 Man muss einfach nur den Geist zähmen, ihn lenken, Taten, Worte und Gedanken steuern und das konsequent durchhalten (sehr schwer!).
5 Gregor von Tours (538 bis 594), gelernter Bischof, schreibt: »Als ich starb, trugen mich zwei Engel durch ein Tor, das heller als die Sonne strahlte, und so kam ich denn in ein unermesslich großes Haus mit einem Boden, der wie Gold oder Silber glänzte.« Wo er gewesen ist, lässt sich nicht sagen.
6 Der Herzskarabäus, bei uns als Mistkäfer bekannt, ist ein wichtiges Symbol in Ägypten.
7 Totenbuch der Ägypter, Spruch 30.

8 Die kleinen Helfer im Jenseits nennt man »Uschebtis«.

9 Das steht angeblich so in der Bibel (Matthäus 22,1 und Korinther 15) – bitte selbst überprüfen!

10 2 Kor 5,1.

11 »Himmel – der Begriff umschreibt die Wohnung Gottes und ist ein umfassenderes Bild für das Leben des Menschen in Gott.« (Papst Johannes Paul II., 1999)

12 1 Kor 3,15.

13 »Fegefeuer – um die volle Seligkeit zu erlangen, bedarf der Mensch einer Art Reinigung, die der Glaube der Kirche mit dem Begriff Fegefeuer umschreibt. Ist kein Ort, sondern ein Zustand.« (Papst Johannes Paul II., 1999)

14 »Hölle – wer Gottes Liebe und Vergebung ablehnt ... diese tragische Situation wird als Verdammnis oder Hölle bezeichnet.« (Papst Johannes Paul II., 1999)

15 Pred. 9,10 nach Buber.

16 Pred. 9,5; Ps. 89,49; 139,8; 4. Mose 16,30.

17 Menschen, deren Körper vernichtet wurde, bekommen einen neuen Körper, der vermutlich dem eines 30-Jährigen entspricht. Er ist lichtvoll, vollkommen und kann so schnell, wie er denkt, Türen und Wände durchdringen – erklärt 1916 der Dogmatikspezialist Joseph Pohle. Und in Matth. 22,30 lesen wir: »Nach der Auferstehung heiraten sie nicht und werden auch nicht verheiratet, sondern sind wie die Engel des Himmels.«

18 Hebr. 9,27.

19 Ende eines Terror-Schurken: Beim Jüngsten Gericht werden der Satan, »das wilde Tier« und auch »der falsche Prophet« aus der Apokalypse verurteilt.

20 Offenbarung, Kapitel 19,20, 20,10–15.

21 Die Hölle. Auf Hebräisch »abad«, der Untergang, Abgrund. Auf Griechisch »abaton«, die Grube.

22 Hi. 26,6 und Hi. 28,22, Ps. 88,12.

23 Zum Teufel: Das Wort Teufel kommt vom griechischen »Diàbolos« – dem Verleumder, der etwas durcheinanderbringt und Verwirrung stiftet. Daraus entsteht das lateinische Diábolus. Das Wort Satan kommt vom hebräischen Satan, dem Widersacher oder Ankläger (der Gläubigen). Auf Lateinisch heißt er Sátanas. Vgl. Sacharja 3,1 f. oder lass es sein. Satans Geschichte: »Du warst ein mit ausgebreiteten [Flügeln] schirmender Cherub, und du gingst auf Gottes heiligem Berg mitten unter feurigen Steinen einher. Du warst von dem Tag an, als du geschaffen wurdest, in deinen Wegen vollkommen« (Ezechiel 28).

24 Der Teufel im Wortlaut, Originalzitat:»Ich will in den Himmel steigen und meinen Thron über die Sterne Gottes erhöhen, ich will mich auf den Berg der Versammlung im fernsten Norden setzen, ich will über die hohen Wolken auffahren und dem Allerhöchsten gleich sein.« Jesaja 14,13.

25 Offenbarung 9, 11.

26 Offenbarung 21.

27 Danke, Dante (Die göttliche Komödie, 1307–1320).

28 Die Katharer heißen auch Albingenser, nach der südfranzösischen Stadt Albi. Sie selbst nennen sich boni christiani, veri christiani (gute, wahre Christen).

29 Katharer (Katharer = »die Reinen«, vom griechischen katharos [rein]) lehnen die Welt, Sachzwänge und die Marktwirtschaft rigoros ab.

30 Lust auf ein Date mit den Walküren? Sie heißen Alwitra, Aulruna, Runhild, Geirskogul und Gudrun, Gör (»Geschrei«), Gondel, Gunnur, Hilda (»Tapferkeit«), Mist (»Verwirrung«), Reginkif (»Knechtschaft«), Rist (»Erschütterung«), Rota, Sangryd, Skögul (»Flucht«), Skuld, Swipul und Thruda (»Standhaftigkeit«).

31 Wer als Germane Wert auf seine Frau legt, muss dafür sorgen, dass sie nach ihm als »Braut eines Helden« möglichst schnell verbrannt wird, dann kommt auch sie nach Walhalla.

32 Odins Raben heißen: Hugin (der Sehende) und Munin (der Wissende).

33 Interessant: Odins Sohn Thor, der Donner-, Bauern-, Ernte- und Kriegsgott, ist vor allem durch seinen Hammer »Mjölnir« bekannt geworden. Baldur ist amtierender Gott der Güte und männlichen Schönheit, Braga Gott der Weisheit, Dichtkunst und Beredsamkeit. Aber nur Odins Frau Frigga – die Göttin der Liebe und Fruchtbarkeit – fährt einen Wagen, der von Katzen gezogen wird.

34 Der Zarathustrismus (auch Zoroastrismus) entsteht vor 3400 Jahren im heutigen Iran. Alexander der Große, Feldherr, lässt seine heiligen Bücher, den Awesta, so gründlich verbrennen, dass heute nur noch wenig, aber ausreichend davon erhalten ist.

35 Maße: ca. 15 Speerlängen breit.

36 Quelle: Koran (51:56). Und bei den Sufis, den islamischen Mystikern, sagt Allah:»Ich bin versteckt, und Ihr müsst mich finden.« Dem Sufismus komt eine Sonderrolle zu; die Recherchen sind noch im Gange, aber es sieht so aus, dass dort jeder drei Seelen hat, die nacheinander sterben … Wenn die Trauergemeinde vom Friedhof gegangen ist, kommt der Totenengel Asrael, danach ein schöner Jüngling, der einen neu einkleidet … Der Jüngling, das sind die gu-

ten Taten aus dem vergangenen Leben … Es gibt sieben Himmel, in denen die Verstorbenen entsprechend ihrer Taten oder Wichtigkeiten leben. Genaueres wird man sehen.

37 Die ersten fünf Bücher Mosis (Pentateuch) werden auch vom Islam anerkannt.

38 Mohammed sagt:»Das Diesseits ist der Acker für das Jenseits.« (ASM, el-Aclûnî, Keşfü'l-Hafâ: 1320).

39 Quelle: Said Nursi.

40 Koran, Sure 56.

41 Vorher Bescheid wissen über das Totengericht lohnt sich! Wer das Buch in die rechte Hand kriegt, wird weitergeleitet:»Iss, trink und lasst es dir gutgehen für das, was du im Leben getan hast.« Wer das Buch in die linke Hand bekommt, wird später klagen:»Ach, wär mir das Buch nicht gegeben worden! Hätte ich doch nie das mit der Rechenschaft erfahren! Mein Besitz hat mir nichts genützt, und meine ganze Macht ist von mir gegangen!« (Koran, 69:16 und 69:29).

42 Arabisch: Djanna (Garten).

43 Koran, 2:82.

44 Arabisch: al-ganna, bzw. Gehenna.

45 Mohammed sagt:»Du wirst (im Jenseits) mit denjenigen sein, die du liebst.« (ASM, Sahih Muslim: 4775).

46 Koran, Sure 56.

47 Name der Hölle: Djahannam.

48 Koran, 23:104.

49 Koran, Sure 23,103.

50 Mohammed sagt (ASM): Wenn jemand stirbt und das Paradies erlangt, egal in welchem Alter, wird er dort im Alter von 30 Jahren eintreten. Sein Alter wird sich bis in alle Ewigkeit nicht ändern. Das Gleiche gilt für die, die in die Hölle kommen. (Tirmizi, Kütüb-i Sitte-14, s. 450/5).

51 Griechische Götter wie Minos, Rhadamanthys und Aiakos.

52 Im alten Griechenland wird der Schlaf durch ein überweltliches Wesen namens Hypnos personifiziert. Weitere bekannte Eingänge ins Jenseits sind am Ufer des Okeanos, im Land der Kimmerier sowie am Schwarzen Meer, im Avernersee und im Vorgebirge Tainaron zu finden.

53 Böse griechische Weiber: Das sind Erinnyen.

54 Pyriphlegeton, der flammende Fluss in der Unterwelt.

55 Was für Katholiken das Latein, ist für die indische Religion das Sanskrit – eine früher beliebte, aber ausgestorbene Gelehrtensprache. Keiner von denen, die mit einer Flasche Bier oder einer Kokosnuss am Kiosk stehen, spricht sie noch.

56 Der Sanskrit-Begriff dafür lautet Dharma.

57 Debiprasad Chattopadhyaya: Carvaka/Lokayata: An Anthology of Source Materials and Some Recent Studies, New Delhi, Indien 1994.

58 Keltisches Götterpaar. Frau als Königin oder Mutter: verkörpert Heimat und Flüsse, beschützt Wild, Vieh, Ernte. Als Alleinherrscherin heißt sie Rigani, Modron oder Sul, mit Partner Bormana, Nantosvelta oder Brigit. Auch bekannt als Kriegs- und Todesgöttin. Vorsicht, tritt in Begleitung von Bärinnen, Hirschkühen, Raben, Hunden oder Eulen auf. Mann wird oft mit der Sonne assoziiert, rettet im Frühling als Fürst Aed, Lug oder Belenus das Leben vor dem Erfrieren und verbrennt es im Sommer als einäugiger Riese unter den Namen Goll oder Balor. Er fährt einen Sonnenstreitwagen, Marke und Baujahr unbekannt.

59 Avalon, die Anderswelt, keltisch Dagda, Eochaid Ollathair oder Sucellus. Die Tuatha de Danann leben in irischen Hügeln. Aus ihnen werden schon in christlicher Zeit Feen und Elfen.

60 Achtung, Kelten: Vornehme Leute müssen damit rechnen, dass sie nicht nach Avalon kommen, weil ihr Kopf vom Körper getrennt und in Zedernöl einbalsamiert wird. Alles Aberglauben: Ihre Nachkommen meinen, dass sein ehemaliger Besitzer in Erinnerung und lebendig bleibt, wenn man ihn aufhebt.

61 Wie es in Avalon aussieht, erklärt uns ein VIP – Promi-Elfenfürst und Ex-Gott Midir: »Komm in mein Wunderland, wo die Glücklichen goldgelockt wandeln! Aus der sanften Dämmerung dunkler Wimpern strahlen dir die Augen der Elfen entgegen, und alle Wesen des Hügels dort sind deine Freunde. Sie lächeln dir ein herzliches Willkommen entgegen und umhegen dich liebreich. Das Land bietet Liebe ohne Stachel, Lust ohne Gifthauch, Leid- und Kummerfreiheit und ewiges Leben. Dort blühen viele Blumen auf Wiesen und Auen, Bäche rauschen rieselnd zu Tal, und weiße Birken wehen am Strand. Das Land, das ich meine, ist lieblich … und hat eine lauere Luft. Dort trinkt man im Kreise der Geister aus goldenen Bechern süße Getränke, und ich kann dich dahin bringen, indem wir zusammen noch diese Nacht im Mondschein über Fluss und Hügel fliegen. Außerdem wirst du dort mit hellem Jubel begrüßt und zur Königin gekrönt.« (Étaín-Sage, Episode von Königin Étaíns Entführung, sehr stark gekürzt)

62 Um ein Druide zu werden, braucht man zwanzig Jahre und eine Ausbildung, in der man magische Formeln, Gesetze und Überlieferungen lernt und unsichtbaren Wesen in Waldhainen und heiligen Gewässern opfert. In Gallien und Britannien ist man als Druide

Priester, Gelehrter und Richter Teil einer durchorganisierten, coolen Bruderschaft, die einmal im Jahr ihr Oberhaupt wählt.

63 Die Lehre der Mormonen wird von einem Engel namens Moroni vermittelt.

64 »Die Gerechtigkeit Gottes ist so hell wie ein endloses, glühendes Feuer, das für immer und ewig zu Gott emporsteigt.« (1. Nephi 15:30).

65 »Der geistige Tod wird seine Toten freigeben; Tod und Hölle müssen ihre Toten, die Hölle ihre gefangenen Geister und das Grab seine gefangenen Leiber freigeben. Der Köper und der Geist des Menschen werden dabei wieder zusammengefügt.« (2. Nephi 9:12). »Der Tag wird kommen, da sie nach ihren Werken gerichtet werden müssen, die sie im irdischen Körper in den Tagen ihrer Bewährung getan haben.« (1. Nephi 15:32).

66 »Darum möge euch Gott durch die Macht der Auferstehung vom immerwährenden Tod durch die Macht der Sühne erwecken. Damit ihr in das ewige Reich Gottes aufgenommen werden könnt, damit ihr ihn preisen könnt aus göttlicher Gnade, Amen.« (2. Nephi 10:25).

67 Ausgestorbene Religionen, z. B. der indische Materialismus: Das Aussterben einer Religion ist kein Kriterium für die Gültigkeit ihrer Antwort (Thema: Jenseits). Auch die Quantität der Anhänger oder die Kontinuität der Überliefung spielt dabei keine Rolle!

68 »Weh dem Lügner, denn er wird in die Hölle geworfen werden.« (2. Nephi 9:34). »Weh dem Mörder, der vorsätzlich tötet; er wird sterben.« (2. Nephi 9:35). »Weh denen, die Hurerei begehen; sie werden in die Hölle geworfen werden.« (2. Nephi 9:36). »Weh denen, die Götzen verehren; der Teufel aller Teufel freut sich über sie.« (2. Nephi 9:37). »Richtet euch nach dem Willen Gottes aus, aber nicht nach dem Willen des Teufels und des Fleisches.« (2. Nephi 10:24).

69 »Er herrscht hoch im Himmel, denn der ist sein Thron und die Erde sein Fußschemel.« (1. Nephi 17:39).

70 »Aber ich sage euch: Das Reich Gottes ist nicht schmutzig, und nichts Unreines kann in das Reich Gottes eingehen; darum muss ein Ort des Schmutzes bereitet sein für das, was schmutzig ist.« (1. Nephi 15:35). »Und ein solcher Ort ist bereitet, nämlich jene furchtbare Hölle, deren Vorbereiter der Teufel ist. Darum ist es der schließliche Zustand der Menschenseele, dass sie entweder im Reich Gottes wohnen oder aber der Gerechtigkeit wegen ausgestoßen werden wird.« (1. Nephi 15:34).

71 »Weh all denen, die in ihren Sünden sterben, sie werden zu Gott zurückkommen und sein Angesicht sehen und in ihren Sünden ver-

bleiben.« (2. Nephi 9:38). »Macht eure Seele für den Tag des Gerichts bereit … Heilig, heilig sind deine Richtersprüche, o Herr Gott, Allmächtiger – aber ich kenne meine Schuld; ich habe dein Gesetz übertreten, und meine Übertretungen lasten auf mir; und der Teufel hat mich ergriffen, so dass ich seinem furchtbaren Elend zur Beute geworden bin.« (2. Nephi 9:46).

72 »Oh, wie groß ist die Güte unseres Gottes, der einen Weg bereitet, damit wir diesem furchtbaren Ungeheuer, nämlich Tod und Hölle, entrinnen können, womit ich den Tod des Leibes und auch den des Geistes meine.« (2. Nephi 9:10). »Bestimmt werden die, die rechtschaffen sind, auch dann rechtschaffen sein. Wer schmutzig ist, wird auch dann schmutzig sein. Darum sind die, die schmutzig sind, der Teufel und seine Engel; und sie werden hinweg in das immerwährende Feuer gehen, das für sie bereitet ist; und ihre Qual ist wie ein See von Feuer und Schwefel, dessen Flamme für immer und immer emporsteigt und kein Ende hat.« (2. Nephi 9:16).

73 »Oh, wie groß ist die Barmherzigkeit unseres Gottes … Er befreit seine Heiligen von dem Teufel, vom Tod und der Hölle und dem See von Feuer und Schwefel, der endlose Qual ist.« (2. Nephi 9:19).

74 »Und die große Grube, für sie gegraben von der großen und greuelreichen Kirche, die vom Teufel und von seinen Kindern gegründet worden ist, damit er die Menschenseelen in die Hölle hinabführen könne … Jene große Grube, die zur Vernichtung der Menschen gegraben wurde, wird mit denen gefüllt werden, die sie gegraben haben, zu ihrer völligen Vernichtung, spricht das Lamm Gottes, aber nicht zur Vernichtung der Seele, außer dass sie in der endlosen Hölle landet.« (1. Nephi 14:3).

75 Hinduismus: Seit 1500 v. Chr. sind seine Texte (die Veden, Upanischaden, Bhagavadgita) für die meisten Hindus gültig. In ihnen stehen Hymnen zur Beeinflussung höherer Lebensformen durch Priester beim Opfern (Veden), und in Deutschland lösen ihre ersten Übertragungen eine Indienwelle aus (Heine, Goethe u. a.).

76 Im Hinduismus kennt man als System zur Aufteilung der Menschen die Kastenordnung. Sie weist jedem je nach Geburt verschiedene Pflichten und Rechte zu.

77 Sadhu (mit langem A) heißt wörtlich »gut« oder »ein Guter«. Berufsbezeichnung für echte und mutmaßliche Heilige des Hinduismus. Auch Buddha und der Gründer des Hare-Krishna-Ordens sind mal Sadhus gewesen.

78 Hans-Jürgen Brahman aus Herne (kleiner Scherz am Rande).

79 Mit dem Begriff Dharma (Sanskrit) bezeichnen die Hindus das Weltgesetz, d. h. die natürliche und sittliche Ordnung von allem.

80 Samsara, der Sanskrit-Begriff für diesen Kreislauf, trifft man auch im Buddhismus an.

81 Der Geist als Energieform: Nach dem Tod setzt sich die Energie fort. Sie schleppt dabei die Taten, Worte und Gedanken dabei seit Millionen von Jahren als unsichtbares Band mit sich herum. Man kann das mit einem Tonkrug vergleichen, in dem Schnaps war – der riecht noch lange Zeit danach (Quelle: Bhagavata-Purana).

82 Die Praxis der Liebe zu Brahma & Co. heißt Bhakti-Yoga. Die Praxis der guten Taten Karma-Yoga. Die Praxis des höheren Wissens heißt Jnana-Yoga.

83 Klassisches Zitat:»Tat tvam asi – das bist du!« Das hat einmal ein Weiser geanwortet, als man ihn fragte, woraus eigentlich alles besteht (Chandogya-Upanischad). Dieser Satz hat auch schon Schopenhauer mächtig beeindruckt, dabei sagt er nur das aus, was an sich immer schon gedacht hat: Das Brahman ist immer auch gleichzeitig das Atman. So hängt alles zusammen. Ruhig mal drüber nachdenken.

84 Quelle: Bhagavata-Purana.

85 Wer ein Insekt tötet, wird als Insekt wiedergeboren und danach ein kranker Shûdra (Angehöriger des Knechtstandes). Wer das Rind eines Brahmanen (Priester, hohe Kaste) tötet, kommt in eine Hölle, in der er Hunger und Durst hat, von Schlangen gefressen und nach Tausenden von Jahren dann so oft als Kuh wiedergeboren wird, wie eine Kuh Haare hat, um danach ein Paria (Kaste der Unberührbaren) mit Lepra zu werden – sagt das Bhagavata-Purana, aber man muss nicht alles glauben.

86 Vegetarier: Das Töten eines Tieres ist eine karmisch unheilsame Sache, das Fleischessen selbst aber nicht – es sei denn, man weiß, dass ein Tier extra für einen geschlachtet wird. Auf frischen Hummer sollte man im Restaurant ebenso verzichten wie auf den Silvesterkarpfen im Großmarkt.

87 Die schlimmste Hölle ist die Naraka-Hölle (Quelle: Bhagavata-Purana).

88 Hier bemerkbare Promi-Lebensform: Yama, der Todes- und Richtergott.

89 Brahma, der kaum fassbar ist, wird oft durch seine Partnerin (Shakti) Sarasvati verehrt. Er, Kollege Shiva und Vishnu bilden eine überirdische Dreiheit (Trimurti). Weitere Bewohner seiner höheren Sphären sind der elefantenköpfige, spitzbübisch veranlagte Gott Ganesha und und die Göttin Lakshmi. Vishnuisten finden natürlich, dass Vishnu der höchste Gott ist, der alle anderen Götter und die Welt hervorgebracht und bereits zehnmal in Inkarnationen

(Avatara, z. B. als Rama und als Krishna) die kosmische Ordnung gerettet hat. Die wird nämlich von Shiva, dem Gott der Asketen, regelmäßig zerstört. Vishnu erschafft sie kraft seines Yoga dann neu. Zurzeit meditiert er im Himalaya.

90 Ein Weltzeitalter (Sanskrit: kalpa) ist die extrem lange Zeit, die zwischen der Entstehung (Urknall) und dem Ende eines einzelnen Weltsystem vergeht. Der Hinduismus geht davon aus, dass es mehrere Universen gleichzeitig gibt und auch in kosmischer Hinsicht überall ein ständiges Kommen, Gehen und geordnetes Durcheinander herrscht.

91 Gilgamesch: Der Namensgeber des Epos kann Kontakt mit Toten aufnehmen und liefert wertvolle Informationen. Die Original-Quelle: »Wenn du in die Unterwelt hinabsteigen willst, musst du dir meinen Rat zu Herzen nehmen: Du darfst kein reines Gewand anziehen, sonst erkennen sie, dass du (dort) ein Fremder bist! Du darfst dich nicht mit gutem Öl salben, sonst kommen sie zu dir, sobald sie es riechen! Du darfst kein Wurfholz auf die Erde werfen, sonst umringen dich die vom Wurfholz Erschlagenen, du darfst keinen Stock halten, sonst zittern vor dir die Geister, und keine Schuhe tragen oder Lärm machen, das Weib, das du geliebt hast, nicht küssen und die, der du gram warst, nicht schlagen, und das Gleiche gilt auch für Kinder – sonst wird dich der Aufschrei der Erde packen! Die Toten tragen kein Kleid und sind nackt.« Sein Freund Enkidu macht aber alles falsch. Da packt ihn der Aufschrei der Erde. Er kehrt nicht mehr zurück, und erst als man ein Loch gräbt, fährt sein Totengeist wie Wind heraus und berichtet:»Dort wird man von Ungeziefer gefressen, ansonsten isst man Brot und trinkt Wasser. Je nachdem, wie viel Söhne man gezeugt hat, geht es einem entsprechend gut, man arbeitet in einem Palast oder als Richter und hört viele Glückwünsche. Kinderlose Frauen werden zu Boden geworfen, und männliche Jungfrauen weinen ebenso den ganzen Tag lang wie weibliche. Wer früh stirbt, kann lange schlafen, und wer nicht beerdigt wird, ist auf der Erde ruhelos. Opfer versorgen die Toten mit Nahrung.« (Gilgamesch-Epos, Tafel 12).

92 »Die einfache und wahre Natur des Lichtes ist eine, und seine Wirksamkeit eine und dieselbe. Denn das Licht leuchtete in der Finsternis, und die Finsternis nahm es nicht an. Es berührte das Wesen des Fleisches nicht, sondern umgab sich nur mit einem Schattenbild des Fleisches, damit es nicht durch sein Wesen überwältigt, leidensfähig und vergänglich gemacht werde, indem die Finsternis eine Lichtwirksamkeit aufheben würde. Wie litt es nun, da weder die Finsternis Gewalt über dasselbe hatte, noch seine Wirksamkeit ver

dunkelt wurde?« Aus einem Brief, schreibt Manis – schönes Zitat, aber unverständlich.

93 Den Kosmos nennt man auch »die zehntausend Dinge«.

94 Das Tao ist ungreifbar, weil es jede Definition nur begrenzen würde.

95 Die Seele besteht aus Lebenskraft, Geist (1. Mose 2,7). Zur Beziehung zwischen Seele und Sinnen siehe 5. Mose 12,20; 23,25; Psalm 107,18; Jesaja 32,6 u. a.

96 1. Mose 3,19; Pred. 12,9.

97 Joh. 5:28–29; Hiob 3:11–19, 14:13; Hes. 32:18–32; Ps. 31:17; Dan. 12:2.

98 Pred. 12,7. Andere sagen: Dabei sterben Körper und Seele, werden aber bei der Ankunft des Messias wiederbelebt und körperlich auferstehen. Das gilt aber nur für Angehörige des jüdischen Volkes (Daniel 12,2; Sanhedrin 10,1). In der jüdischen Apokalyptik entsteht daraus Gottes Gericht über die Welt.

99 Psalm 73,24.

100 »Ihr seid für die dritte Stufe im Himmel (Schamajim) bestimmt!« (Chagiga 13a).

101 Gen 1,6–8.

102 Yehuda Leib Halevi Ashlag ist der »Baal Ha Sulam«; den Titel bekommt er für seinen Sohar-Kommentar und die »Kommentare zu den Schriften Lurias« (Talmud Eser Sefirot).

103 Die Tradition empfiehlt, mit dem Studium der Kabbala so richtig erst ab 40 anzufangen.

104 Zum Zombie wird man, wenn man einem Experten (Voodoo-Priesterin [Mambo] oder ein Schwarzmagier) Ärger macht. Dann wird man mit einem Fluch belegt, bekommt ein Pulver auf die Haut geblasen und kippt um. Man ist in einem Dämmerzustand ähnlich dem Hirntod gefangen und wird begraben. Ein paar Tage später klappern auf dem Friedhof die Schaufeln. Man wird ausgegraben und erweckt; dadurch wird man ihm hörig, ein willenloser Arbeitssklave und ohne Sinn und Verstand zum Zombie cadavres. Zombies astrales hingegen sind Seelen, die von ihrem Körper getrennt wurden. Ein Zauberer kann sie fangen und aufbwahren.

105 Ihr Titel: Lalorixá oder Mãe de Santo (Mutter der Heiligen).

106 Der aztekische Sonnengott Inti.

107 Weitere Wesen sind der Gott Tonacatecutli (»Herr unseres Fleisches«) und seine Partnerin Tonacacihuatl (»Herrin unseres Fleisches«).

108 Der Kriegsgott Huitzlipochtli (»Kolibri des Südens«) ist die Verkörperung der Seelen toter Krieger.

109 1. Johannes 4,8.

110 Gemeint sind Engel, z. B. der Erzengel Michael, dem er einen geistigen, nicht materiellen Leib gegeben hat.
111 Offenbarung 12,7–9.
112 Jakobus 2:26.
113 3. Mose 23:30; 5. Mose 12:20; 24:7; Psalm 119:28.
114 Hesekiel 18:4.
115 Psalm 146:4.
116 Prediger 9:5,10.
117 Wer an die Hölle glaubt, verleumdet Jehova (Jeremia 32,35).
118 Unterwelt: hebräisch: Scheol, griechisch: Hades. Der Name wird durch die ersten Bibelübersetzungen weiter verbreitet, meint aber etwas anderes als das Jenseits der Griechen.
119 Offenbarung 7,2–8.
120 Jesaja 45,18: Aus organisatorischen Gründen ist ihre Rekrutierung heute weitestgehend abgeschlossen. Das Königreich ist – bisher nur im unsichtbaren Zustand – bereits aufgerichtet worden, und im Jahre 1914 hat Jesus offiziell die Herrschaft darüber angetreten.
121 Die letzte Schlacht ist die von Harmagedon.
122 Johannes 5,28—29.
123 Offenbarung 20:13.
124 Die Zeugen Jehovas sind dabei die einzige Organisation, die unter Jehovas besonderen Schutz steht (»Der Wachtturm«, Ausgabe 1. 9. 1989, S. 19).
125 Römer 6,7.
126 Lukas 23:43; Apostelgeschichte 24:15, Johannes 5:28,29.
127 Psalm 46:9.
128 Jesaja 2:4.
129 Psalm 37:11.
130 Jesaja 14:7.
131 Jesaja 25:8.
132 Unterwelt: Es ist das Wort Hades, das wie eine Maus im Schiffsbauch der verschiedenen Bibelübersetzungen zu uns gekommen ist. Im Hebräischen heißt sie Gehenna, im Arabischen Scheol.
133 Jesaja 55:12,13.
134 Jesaja 35:1.
135 Jesaja 65:21–23.
136 Jesaja 33:24.
137 Jesaja 35:5,6.
138 Offenbarung 21:4.
139 Hiob 33:25.
140 Micha 4:4.
141 Jesaja 11:6–9.

142 Das »Liber AL vel Legis« (AL) besteht aus drei Teilen. 1: Der unend-
liche Raum, die Sterne und das Prinzip der Liebe. 2: Das Bewusstsein ist ein unendlich kleiner Punkt, das Selbst schweigt und der
Wille ist bedingungslos. 3: Die sichtbare Welt und wie man in ihr
bestehen kann. Die Sonne, der Krieger, die Weltanschauung, das
neue Zwischenstadium zwischen Mensch und höheren Lebensformen, das Fazit, dass alles nach Taten verlangt usw.

143 AL I:3.

144 AL I:57.

145 Satya, Asteya, Brahmacharya, Aparigraha.

146 Die Träger des Himmels sind die »Bacabs« – Kan im Süden, Chac im
Osten, Zac im Norden und Ek im Westen.

147 Chaac ist der Gott von Regen, Donner, Fruchtbarkeit und Bauern-
tum. Ihm werden wegen Trockenheit viele Opfer gebracht; sein
Gesicht hat eine rüsselähnliche Nase und zwei Eckzähne, die nach
unten eingerollt sind.

148 Der Gott von Wind, Sturm und Feuer heißt Huracan, das »Ein-
bein«, weil eins seiner Beine eine Schlange ist. Die Axt in seiner
Stirn ist ein Symbol für Gewitter.

149 Itzamná (»Haus des Tropfens«–»Haus des Himmels«) ist ein Sohn
von Hunabku, dem Schöpfergott. Seine Attribute: Schlange und
Muschel.

150 »Gott, Allah, Buddha, ist alles dasselbe. Auch Meditieren ist so was
wie Beten –« solche Gedanken findet man nicht nur bei Karl May,
sondern auch in den hinduistischen Bestrebungen des späten 19.
Jahrhunderts. Vor allem der indische Denker Ramakrishna macht
damit von sich reden, und es herrscht eine heillose Verwirrung.

151 Die Grundlage des Spiritismus, der Okkultismus, hat in Brasilien
als anerkannte Religion über vier Millionen Anhänger.

152 Wissenschaftlicher Fachausdruck: »IPA« (Incorporeal Personal
Agent). Wörtlich übersetzt jemand, der ohne Körper handeln
kann.

153 Lustig: Der Name der Unterscheidungskraft lautet Buddhi (Sanskrit).

154 Denn so steht es im Psalm 24:1 geschrieben: »Die Erde ist des
Herren und was darinnen ist, also auch der Erdkreis und alle, die
darauf wohnen.«

155 Manche Indianer bestatten ihre Leute auf Gerüsten, decken Steine
darüber oder begraben sie in Felsspalten, in Gruben (wie die Mo-
hawks im heutigen New York) oder im Kanu.

156 Vom Land der Geister berichten ebenfalls die Indianerstämme in
Carolina.

157 Den großen Geist kennen die Creeks und die Seminolen im heutigen Florida. Sie kennen auch einen bösen Geist, der gebannt werden kann.

158 Quelle: Mortuary Customs of the North American Indians, by H. C. Yarrow, 2004.

159 Schreckliche Geister – von denen erzählen auch die Komantschen.

160 »Wenn Gott nicht existiert, gibt es mindestens ein Wesen, bei dem die Existenz der Essenz vorausgeht. Ein Wesen, das existiert, bevor es durch irgendeinen Begriff definiert werden kann. Dieses Wesen ist der Mensch, anders gesagt, die menschliche Wirklichkeit.«

161 Das Mantra der Sikhs lautet in ihrer Sprache: »Ekankar Satnam, Karta Purkh, Nirbhav, Nirvair, Akal Murat, Ajoni, Suabhav, Gur Parsad.«

162 Zehn Gurus der Sikhs gibt es bisher, vom ersten zur Zeit der europäischen Spätgotik (Guru Nanak, 1469–1539) bis zum letzten während des Barock (Guru Gobind Singh, 1666–1708).

163 Sektengründer Mun beruft sich auf 1. Moses 1:28.

164 In der Kalama-Sutta des Anguttara Nikaya (III. 66).

165 »Die in Höllen gehen, haben Visionen von Feuer, die zur Welt der Gespenster (Peta) gehen, von Dunkelheit und Glühen. Wer als Tier geboren wird, sieht Wälder, Tiere und andere Lebensformen. Wer Mensch wird, sieht in einer Vision seine toten Verwandten, und wer in überweltlichen Regionen kommt, himmlische Paläste. Das sind die fünf Visionen, die gewöhnlich einer sterbenden Person erscheinen.« (Five Visions of a dying man, BPS, Kandy, Sri Lanka)

166 Buddhas Meditationsstunde, Vipassana (Achtsamkeit): Setz dich gerade hin. Achte auf das, was du gerade tust. Was nimmst du durch die Augen (bitte geschlossen halten) und Ohren wahr? Was sagt die Zunge, was macht die Nase, und zwickt das Bein? Was nimmt der Geist wahr? Dies alles immer nur kurz feststellen, nicht an der Empfindung festhalten. Gedanken nicht krampfhaft verfolgen, sondern sich immer wieder auf die Berührung des Atems an der Nasenspitze konzentrieren. Locker bleiben.

167 Buddhas Meditationsstunde, Metta (Güte): Sitz gerade! Wünsch und gönn dir selber Glück. Lass dich von dem Gefühl ordentlich durchströmen, dann Augen zu und an die Lebewesen denken, die in der Umgebung sind. Inhalt des Gedankens: Mögen sie glücklich sein. Das Ganze nach und nach bis tief in den Weltraum ausdehnen und eine geballte Ladung an Wohlwollen auf alle Lebewesen projezieren. Feststellen, dass »ich war« nicht so wichtig ist wie »ich bin«. Und »so und so werde ich sein« ist eine ausgeschmückte Illusion.

168 Der bekannteste Koan ist:»Ein Mönch fragte Joshu: Ja oder nein –
hat ein Hund die Buddha-Natur? Joshu antwortet: Nichts.«

169 Mahayana bedeutet»das große Fahrzeug« (zur Erleuchtung), auf
dem alle Platz haben.

170 Wer alles, was er hat, verkauft und den Erlös an Arme spendet, bekommt einen Schatz im Himmel. Bosse haben es schwer, dorthin
zu kommen; eher kommt ein Kamel durch ein Nadelöhr, als ein
Reicher (hier rein). Allerdings ist für Gott nichts unmöglich (Mar-
kus 10:17). Es gibt also auch hier Ausnahmen.

171 Religion und Staat: Die einzige Ausnahme sind Religionen mit Son-
nenkult, d. h. die der Inkas, Ägypter usw.

172 Die letzten Worte von Humphrey Bogart sind:»Ich hätte nicht von
Scotch zu Martinis wechseln sollen.«

173 Solange das nicht geklärt ist, bleibt das Leben eine Kette von Ge-
genwarten, die urplötzlich abreißt. Und dann geht alles weiter.